不怕輸，就怕放棄

仙女老師教你說自己的故事，
走出你要的結局

余懷瑾 著

推薦專文

站在台前不掉淚，需要先哭五百次

資深教師／沈雅琪（神老師）

妹妹二歲確診全面性遲緩、一輩子學習障礙後，我找了很多相關的書籍和網站，想知道這些醫生說的外星話代表的意義是什麼？我怎麼看得懂每個字卻覺得好茫然？

當時看了一個特殊孩子的媽媽寫的書，那非常辛苦的媽媽竟然寫著，「難過的時候去看看比孩子更嚴重的個案，告訴自己，我的孩子還能呼吸、能走路、能吃飯、能……安慰自己孩子有很多的能力，然後就可以繼續活下去，跟孩子一起奮戰。」她說這是一個非常變態卻很有效的方法。

聽到余老師的故事時，我也有同樣的感覺，覺得自己很辛苦了，竟然有比我更辛苦的人!!余老師兩個特殊的孩子，都需要非常多的心力去照顧，孩子的狀況比我家妹妹更辛苦，還是雙胞胎，兩個孩子都需要密集的醫療、復健，是我雙倍以上的辛苦，但是，余老師沒有怨天尤人，也沒有放棄過，走過那一段最難過、最辛苦的陪伴後，還能在教學上有這麼多的努力和成就。

參加過余老師的一次演講，那三個小時精彩絕倫、笑聲不斷。更令人驚訝的，是余老師竟然能讓座位上的老師們全站起來一起參加活動，整整三個小時內，沒有人聊天、沒有人滑手機，都專心的投入課程。最撼動人心的，是余老師播放了安安學走路的影片，讓人揪心捨不得，我都快掉眼淚了，余老師卻在台前侃侃而談。結束後我問余老師，「你怎麼能這麼冷靜？要怎樣做，談孩子時才能不掉眼淚？」余老師說：「先哭五百次，上台就不哭了……」我和她都很清楚，勇敢站在台前要有多少淚濕枕頭的夜晚。

她的演講精彩，在教室的教學更是絕妙。在課堂上的舉手人數，大概是依照年齡增長而遞減，幼稚園孩子爭相恐後的舉手，到了高年級已經稀稀落落，更不用說高中了，怎麼可能會有學生願意舉手回答問題？但是余老師為了要讓高中孩子願意參與課程、討論、發表，用了好多我從來沒想過的妙招，其中一招，叫做大家來舉手，只要老師問問題，全班都要舉手，最慢的就得回答問題。全班都舉手了，那該怎麼選孩子回答？余老師也有訣竅，困難的找程度好的孩子回答，簡單的讓害羞的孩子回答，不只要設計題目、炒熱氣氛，還得妥善安排回答的孩子，用心教學，只為了讓孩子們上課開心，能樂於學習。

書裡有很多炒動課堂氣氛的方法，也列出了與孩子們相處的十大地雷，從余老師的這本書裡，不只讓我重新思考與孩子們相處的方法，提供我許多帶動課程的良方，真的讓我獲益良多。

推薦專文

沒有辦法就自己找方法

平安診所兒科醫師／楊為傑

我從小就一直是個讓老師頭痛的學生。

我是一名兒科醫師。大學念的是成功大學醫學系，高中念的是臺南一中數理實驗班。看診跟家長聊天時，偶爾家長會要孩子跟我看齊，當個好學生。我都會說：「ㄟ……學我，不見得是好事喔。我一直都是老師眼中的麻煩人物呢。」家長們往往會很訝異。但這是真的。

我從小就不太服從權威，凡事都會想問為什麼？憑什麼？在那個說臺語還會被記過、體罰的年代，我就一直不太明白為什麼說臺語是不對的，要被處罰。我也不太明白為什麼老師總說看漫畫、打電動是不對的，會變壞。所以我照樣講臺語、看漫畫、打電動。要證明這樣做並不會變壞，卻好像變成了「問題學生」。「楊為傑，你為什麼不能跟別人一樣聽話？」、「你注定一輩子『撿角』。」（Errr……老師你剛說臺語了。）

在很長的一段時間裡，我的功課其實不怎麼樣，特別是國文科。因為我很討厭死記硬背，更無法理解為什麼我要記一堆古人的年號、字、外號之類的。那對我來說，毫無意義。更難理解那些古人被貶謫時寫的文章，范仲淹被貶官心情差，跟我有啥關係？這樣的態度之下，國文成績當然是一般般而已。即便是大學聯考時，國文科也是各科目中，分數最低的一項。

原來，有這樣的國文老師?!

二〇一七年三月，因緣際會之下，我又重回國文課堂。這次的課文是〈岳陽樓記〉，一樣是以前我覺得很無聊的貶謫文學，一樣是范仲淹。但這次不一樣的是國文老師，是外號仙女的余懷瑾老師。在此次上課之前，我就聽過仙女老師的大名，知道她是一位很有魅力，很會教書的老師。因此在課堂上，我是抱著極高的期待來上課的。果然，一開場老師就不是叫我們念課文或認識作者。而是先提「為什麼這篇文章很重要」、「對你來說可以學到什麼?」。接著透過卡牌去讓我們了解這個課文，什麼叫做「陰風怒號，濁浪排空」、「薄暮冥冥，虎嘯猿啼」。用卡牌把整個描述景緻的文字給具象化了，課程用了二十幾張卡牌，來描述整個景色與課文。這樣的操作不僅讓人秒懂，而且在二十分鐘後，多數的我們都可以把課文背出來了！

當時的我是目瞪口呆的。如果以前的國文課都這樣上，我一定會充滿熱情與活力。原來國文可以這麼有趣，可以跟我們的生活息息相關！原來「不以物喜，不以己悲」這種精神，對高中生來說，可以那麼容易理解。

仙女老師拿過無數的教學獎項，果然名不虛傳！

不怕輸，就怕放棄

這次有機會可以搶先閱讀仙女老師的新書《不怕輸，就怕放棄》，非常榮幸。在閱讀的過程中，不僅看到仙女老師分享她深厚的教學功力，同時也看到了班級經營，更看到了她對學生跟孩子的熱愛。在教學現場，老師會遇到形形色色的孩子，每個孩子都有他自己的家庭背景與故事。在傳統的教育下，總是希望把每個孩子標準化，我本身就是在這樣體制下吃了很多苦。然而老師在這書中提到「**把不正常視為正常，才是教育的常態。把不一樣視為瑰寶，才是教育**」。這句話深深地感動了我。畢竟我們在第一線看過許多不同的孩子，每個孩子都有自己的屬性與課題，為什麼我們的教育體制卻要把這些孩子打造成一樣的特質呢？人人都不一樣，才是正常的。我衷心盼望我們的學校，可以越來越尊重不一樣！

透過本書，我也才了解到仙女老師今日的成就並非一路順遂。工作、家庭總是充滿了挑戰。仙女這麼會教書，我一直以為老師是科班出身。但這本書告訴我並非如此。仙女老師是帶著對孩子與教育的熱誠，一路披荊斬棘才走到今天的地位。誠如老師本身所言：「**我知道分組教學、操作互動、辦理講座、腦性麻痺、痛陳體制這些事情都很難。但是我都沒有放棄。**」在沒有資源時，老師從不放棄，沒有辦法就自己找方法。這是非常值得學習的人生態度。我原本以為這本書在寫教育，但讀完之後卻發現，這本書其實在談人生的態度。適合給教學現場的老師們、關心孩子的家長們，以及在逆境中的我們，一起閱讀。

期待大家都能不怕輸！

推薦專文

仙女老師的人生魔法書

永齡教育暨慈善基金會執行長、台灣新創競技場創辦人／劉宥彤

我和仙女老師是在超級講師謝文憲老師的課堂認識的，那時仙女老師已經是個登過TED的講者，親切的笑容，生動又有深度的故事內容，行雲流水加上風趣幽默的演講風格，我想能讓仙女老師教到的小孩，真是太幸運了。

前陣子，因為謝文憲老師有一堂「用電影學管理」的課，我剛好在教室裡坐在仙女老師的斜後方，近距離看見仙女老師有一本看來已經很厚，有很多內容的筆記本，她聚精會神的上課，時而振筆疾書的記錄上課的精彩內容，不同的標註顏色；雖然憲哥的課很精彩，但我仍因為太好奇而時常望向仙女老師，心想她大概是在這

個課堂上實力堅強，最不用太認真的人，但她從上課的態度，到參與的熱度，都讓人敬佩，原來仙女法力高強是有原因的，那本筆記本應該就是仙女用的魔法書，實在是好想看看哦。

雖然無法看看仙女的魔法筆記本，但可以對仙女老師新書《不怕輸，就怕放棄》先睹為快，還是很令人興奮的。看了書才知道原來仙女老師也下過凡，不是一直都在學校當仙女，也和我們一樣做過上班族，在職場迷惘過，在人生的十字路口徬徨過；仙女打怪進階的過程一點也不輕鬆，魔王關生死戰都過了好幾回，身為同樣是文史哲科系畢業的我來說，很能體會面對世界的無力感，為何仙女老師要去讀中文系被親友質疑？又或是我這種哲學系畢業的能做什麼？就像是沒技術，裝備差又沒辦法課金的電玩小白，註定要在人生遊戲當砲灰。但職涯拚搏的辛苦和人生的磨難，既然沒有擊退仙女老師，那其中必定有可以給大家在不理想的人生中安身立命，勇往直前的生存技法，相對於仙女秘密的筆記魔法書，這本《不怕輸，就怕放棄》就是公開的生存魔法書，挑戰魔王關卡的密技解析。

這幾年我邀請仙女老師為從事希望小學教育工作的社工及老師們授課，每次都有很大的迴響，仙女老師所秉持的核心是「有規矩，有溫度」，無規矩不成方圓，有愛才有溫度，然而這不僅是用在教育或課堂上，在職場裡激勵團隊，鼓勵個人，從A到A^+，我認為仙女老師的魔法在建構團隊核心價值及一個學習性組織上一體適用。我斜槓於創新創業、經營企業以及教育、慈善等志業多年，仙女的智慧是跨領域的，因為人生有可為與不可為，價值創造才是核心。

經由故事淬煉，這本書在每個章節後仙女老師都有「小提醒」，我建議大家可以把自己的生命經驗或故事和這些小提醒做串接，其中有段內容是這樣的：「重複的提醒在耳邊溜過，寫下的叮嚀在心底靠岸」，其實我們都可以經由別人的智慧，集結自己的魔法書，這本書越厚，人生就被墊得越高。

「風箏無法順風飛翔，逆風才能直上青天」，輸贏何懼，參與就是機會，不放棄就有可能，遇見值得聽其言者，是人生樂事，這本書值得成為人生參考書。

推薦專文

不放棄，磨礪出好老師

國立成功大學資訊工程學系教授、PTWA理事長／蘇文鈺

沒有人天生就知道怎麼當一個好老師，正如沒有人天生就知道如何為人父母。同樣的，沒有人生下來就知道自己適合什麼樣的工作。不需摸索就找到自己道路的人要不是真的很幸運，就是其實這並不是真正適合他的。

我自己是這麼想的，其實人幾乎不可能找到最適合自己的工作，那些找到最適合自己工作的人往往是在過程之中不斷遇到挫折，但也不斷從錯誤中學習改進的人。

傳統的觀念是「一日為師，終身為父」，也認為「天下無不是的父母」，所以即使修了一大堆教育學分，也不意味這個人就會是個稱職的老師。我擔任教職的前

十年，不是個好脾氣的老師，總以「為人師、為人父」的觀念在教學生。有一次實在是太憤怒了，氣到把學生的硬碟取下，東西打包寄去他家，從此這名學生再也不曾出現在實驗室。我問自己，如果自認是學生的父親，天下有放棄自己孩子的父親嗎？從那一刻起，我懊悔不已。這個故事在我自己的兩本書，《做孩子的重要他人》與《老師是孩子遲來的父母》之中都提到過。

從余懷瑾的新書裡，我們也可以看到前述的見證。余老師並不是一開始就決定要當老師的，她在畢業之後迷惘過，甚至決定從現在人人稱羨、薪水比一般工作要高出不少的軟體工程師轉到老師這個工作，而且還是從代課老師開始當起，與所有人一樣，考了好幾次才總算有了正式教職。但是即使當了幾年的老師，余老師還是有很崩潰的時候。不過，與很多身為老師的人不一樣的地方是，余老師沒有因為一度令她崩潰的學生而放棄，也沒有因為考上正式教職而忘掉作為老師的初衷，她說，「磨礪，是為了成為更好的老師！」

從仙女老師的前兩本書，《慢慢來，我等你》以及《仙女老師的有溫度課堂》，可以看到仙女老師的漸次蛻變，但是這本《不怕輸，就怕放棄》可以看到成為一個好老師的過程，讓更多人知道，沒有人生來就能當老師，所有的好老師都是在不斷的挫折之中不放棄，才逐漸淬煉成為獨一無二的好老師。

聖嚴師父說過，「眾生是菩薩的道場，離開了眾生就沒有菩薩。」這句話在我最難過的時刻支撐起我的意志。同樣地，「學生是老師的道場，離開了學生就沒有老師。」這裡的離開不僅僅是人離開而已，即使是人還在，可是心離開了，那麼就不是菩薩，也不是老師了。

有人問我，為什麼在偏鄉與弱勢家庭孩子的教育上一直沒有退縮？我都會回答，其實，我至少每週都會興起一次逃離的念頭，之所以還沒有放棄，一來，從小到大受到好多位老師的教導與恩惠，不敢一日或忘。二來，我無法承受主動放棄任何一個孩子所可能招致的悔恨。

老師是很多孩子除了家庭外唯一的依靠，對某些孩子來說，更是唯一的依靠，我衷心期待每一個老師都能努力嘗試當孩子的老師，也當孩子的好朋友，把當孩子的父母這件事深深放在心裡更好，這個社會裡沒有被放棄的孩子，那麼臺灣的未來就不會輸。

第一部 磨礪是為了更好的我

第二部 用溫度成就更好的自己

第三部

為母則強

第四部 用愛陪你們長大

作者序

不放棄，堅持到底

剛開始教書時，為了跟其他「老師」區隔。走在路上，學生叫「仙女」，我才會回頭。從小到大遇過的「老師」框架了我：見縫插針罵學生，跟酸民沒兩樣；上課無趣想睡覺，不思改進反而辱罵學生；在意成績，獨厚成績優異的學生，功利主義掛帥。現在愛怎麼稱呼就怎麼叫，當事人覺得自在，我都會回應。那是因為我意識到，我確實有著強大的「老師」體質，只要對學生或學員好的事情，我願意多思考怎麼樣幫助大家，成就他們。

然而，就是這種「老師」體質讓我在上TED前，甘願練習上百次，在情緒快潰堤時緩緩的說話，用肢體語言讓觀眾印象深刻。TED將這段演說下了〈一堂由老師以身作則的生命教育〉的標題，我覺得很適合。那也是我第一次在公開場合說女兒的故事，當時為了讓故事簡單化，只講了雙胞胎妹妹安安，她還有姊姊平平呢。

有句經典的廣告台詞是這麼說的，「我們都是當了父母以後，才開始學習怎麼當父母的」。身為身心障礙者的母親挫折感相當沉重，常常有難以言喻的無力感，對未來的驚恐和擔憂。引以為傲的是，我對於教學的大量投入，幫助無動力學生找到學習的動機與興趣，我發現對待女兒也需要如此。幫助身心障礙學生融入班級需要時間，我對於女兒也學著放慢腳步，慢慢來。

我的人生因為學生，因為孩子，有了色彩。

最近，我常想起我爸對我妹說過的話。「什麼事都還沒做，就怕困難，就想放棄，這樣是不行的。」我妹頭腦比我好許多，鬼靈精怪，很有想法，意見很多，不好搞定。我爸很少跟我說這樣的話。我從小功課就不好，一天到晚被作業追趕。哪有餘力「想要」做什麼，畫地自限，想都不敢想。

一直到我當了老師，別人眼中的不可能成了大有可為。

我明明知道分組能夠活絡課堂，找不到方法，我沒有放棄。

我明明知道操作互動秩序很亂，大動肝火時，我沒有放棄。

我明明知道口語表達考試不考，吃力不討好，我沒有放棄。

我明明知道自辦講座耗費心力，人情債難還，我沒有放棄。

我明明知道弱勢必然會被霸凌，束手無策時，我沒有放棄。

我明明知道活動再好無關分數，挑燈夜戰時，我沒有放棄。

一直到我當了母親，別人眼中的不可能化為奇蹟降臨。

我明明知道腦性麻痺終生不癒，四處復健時，我沒有放棄。

我明明知道奶瓶較鼻胃管慢速，焦頭爛額時，我沒有放棄。

我明明知道同理對待非常困難，低聲下氣時，我沒有放棄。

我明明知道臺灣復健馬場難尋，求助無門時，我沒有放棄。

我明明知道站上TED需要勇氣，反覆練習時，我沒有放棄。

我明明知道疾言厲色痛陳體制，孤掌難鳴時，我沒有放棄。

我從小就是魯蛇，輸慘了，也輸怕了，在一次次的傷痕中面對失敗的落寞，不逃避，不文飾。舔舐傷口告訴自己，過程比結果重要。

我當了十八年導師，帶過二千名學生，教過的特教學生兩隻手就數完了，而我卻因為凱安上了TED。**教育的價值來自於對少數的關注，社會的良善來自於對少數的投入，這是我執教以來不變的信念。**你呢？你的信念是什麼？

這本書獻給跟我一樣在職場受挫的人，家庭陷入低潮的人，**不要輕言放棄，捲土重來，再試一次。有底氣，堅持到底，你會成為自己的偶像的。**

第一部

磨礪是為了更好的我

1 我的工作熱情在哪裡？

五專畢業之際，除了功課比較好的幾個同學選擇繼續升學或報考公務人員，大部分的同學都忙著找工作。軟體工程師、硬體工程師，職銜聽起來學以致用，但我心裡很慌，也不想在家裡當米蟲，翻開報紙，眼高手低，太累的不想做，薪水太少的不想做，想做的連門檻都跨不上。

面試時碰到最多的問題是，「怎麼五專還沒畢業呢？」

像我這樣念到志趣不合的科系，成績不好的學生，到了專五更會小心，把所有必修該補的學分都補齊，準備畢業。初等會計在專四重修過了，三修的科目該拿到的也過關了。偏偏專五有一堂兩學分的必修課，從開學我就坐在教室裡，老師一直沒點名，直到老師一時興起點了名，才發現沒有我的名字。

教務處說：「過了加選時間，不能加選。」

老師說：「就照學校規定。」

如果記過可以補加選，我也甘願；但教官說，校規中沒有這一條。

職場新鮮人，社會新體驗

天無絕人之路，我找到廣告AE的工作，董事長准我一週可以請假半天回學校修學分。

業務部主管是我的直屬長官，是個很有衝勁的年輕人。他認為新人什麼都不會也沒關係，只要肯學，他都可以從頭教。下班以後，他在辦公室裡對我講解電腦知識，分析產業狀況，跟客戶見面可以從哪些話題切入。看著他，我覺得**怎麼有人在職場上可以這麼熱力四射。**

同辦公室有一個跟我同期的新人，她是助理，負責後勤，協助我們報價，整理客戶資料，她很細心也很勤快，每天笑容滿面。主管年輕氣盛，有時候爆炸罵個兩句，她往心上去，掉下眼淚後，很快恢復鎮定，重新掛上笑容。我們都是新鮮人，初出社會，感情也特別好：中午一起午餐，下班時她陪我搭二七九，每天在公車上把公司發生的大小事複習一遍。

每個月五號，會計會把薪水條放在每位員工的抽屜裡。她打開薪水袋，拿出薪水條，問我月薪多少？她看了我的，我看了她的，她比我多了三千元。我的臉不禁垮了下來，但這也怨不得人，誰叫我沒有大學文憑。

辦公室還有一位高大魁梧的AE，他比我晚進公司，是我同校的學長，在學期間我們並不熟識，只聽過名字。學長在學校很有名，很會玩的那種。聊起後校門的撞球間、鍋燒麵、小豆苗，拉近了距離。有時候去客戶那邊被罵了，心情不好，回到辦公室以後，話也不想講，學長會說：「學妹怎麼了？講出來，學長罩你。」學長幫了我很多的忙，也教我跟客戶之間怎麼應對進退和建立關係。

每天穿著成套的套裝，及膝的裙子，顏色多半是深藍色、灰色，不符合年齡與個性的服裝去上班。聽不懂客戶講的專業術語，我只能陪笑，回到辦公室再問主管、問學長，然後回覆客戶。工作就是每個月等著領薪水，我認為業務工作不適合自己。半年後，拿到了畢業證書，我就以「生涯規劃」為由離職了。

仙女悄悄話

機會來了，缺乏能力，培養專長不嫌晚。
沒有熱情，動力不足，轉換跑道要趁早。

2 不想醉生夢死過一生

辭掉AE工作，心裡著實感到輕鬆，終於不用再跟陌生人說話，終於不用再找話題閒扯，終於不用背負業績壓力，終於可以擺脫業務人生。

賦閒在家，不想當米蟲。我翻開報紙，知道自己不要什麼，不適合什麼。但是，不知道能做什麼——我指的是能勝任，能把事情做好。

職場走一遭，更加理解自己的志向

作。

程式設計師的工作不算難找，在大企業面試好幾關，我得到了台塑集團的新工作。

工作在內湖，每天面對電腦，不需要穿著套裝，應酬的場面話可以省略，會寫程式語言就好。同事年紀大我十幾歲，聊老公小孩，我一句話也插不上。下班後跟國中同學凡詒在公司附近學開車。先在小吃店吃晚餐，二十元一碗陽春麵，連小菜也沒加，就去上課。我妹前幾天說他們公司年輕美眉薪水很少，很多人一碗麵打發一餐，當時的我就是這樣，減肥只是華麗的說詞。

考上駕照沒多久，我辭職了，短短三個月的工作。因為重覆性的工作，缺少跟人的互動，沒有溫度，我並非真心喜歡，真心喜歡的是薪水入帳的充實。

第三份工作，到了前十大的廣告公司，在電腦部門擔任程式設計師。

因為是廣告公司吧，AE個個妝容完整，能言善道。敲門進業務主管辦公室能感受到氣勢萬鈞的氣場。創意部門男的長頭髮，女的短頭髮，作品創意十足比頭髮長短更讓人驚豔。到茶水間會經過總機小姐的身邊，聽她接電話，無論英語或是日語對答如流。我在電腦室寫著程式，有時候跟總經理秘書聊聊天，有時候跟業務助理閒扯，中午結伴橫越南京東路吃午餐。後來，南京東路禁止行人跨越，我們吃餐飯就得走斑馬線，午睡時間還因此縮短了呢！

工作輕鬆，薪水不算少，五點準時下班。晚上跟同學唱KTV，吃吃喝喝。假日打麻將，打發時間，人生沒有目標。

我想去瞧瞧另一種人生風景

有一天，我跟我爸爸說：「爸，我想插大。」

我爸爸問我是否還要再念資訊系？想一想，我從小到大，沒有被揠苗助長的，只有國文。

一般家長會很實際的問三個問題：

一、「念中文系有什麼用？」

二、「念中文系要當作家嗎？」

三、「念中文系以後要當老師嗎？」

我壓根不知道念中文系要能做什麼？不過，我知道每天面對電腦，冷冰冰，很無趣。**人生這麼長，我想換條路走走看。**

我跟王德林總經理提了辭呈。當他知道我辭職是為了準備考插大，知道我還需要拿錢回家之後，他溫暖的對我說：「你就一三五準備考試，二四六上班，領半薪。如果考上了再辭職，沒考上，繼續待著。」

三個月後，我離職了，離開前先去當面感謝總經理讓我無後顧之憂地準備考試。

我的職場歲月，三年，宣告結束。

仙女悄悄話・

世界這麼大，選另一條路，看更多風景。

3 成為教師新鮮人

我第一所任教的學校在嘉義，私立協志高職。

試教的篇目《送徐無黨南歸序》是北宋歐陽修寫給學生徐無黨的贈序。學校給了文本，二十分鐘準備之後，就到教室試教。那是我第一次對著青春期學生教學，不像以前在學校都是試教給同學和老師看，格外振奮。學生個個配合，精力充沛，臉上不時掛滿笑容，偶爾問些題外話，也是神來之筆。以前學長姐還說學生很難教，看來是嚇唬我們的。

跟我同時錄取的，還有兩位國文老師，她們都教升學部，只有我教高職部。辦公室的老師跟我說，「升學部的學生因為要升學，比較會主動念書；高職部的學生需要比較活潑的教學，學校安排你在高職部，用心良苦啊！」

新鮮專任，教學新經驗

專任教師每週基本鐘點有二十二堂課，我超鐘點到二十八堂課。

我跟學校說我想當導師，但主任認為我沒有經驗，沒有答應。「你第一年教書，所以給你比較好教的科別——資處科、資訊科、美容科，汽修科沒讓你教，學校真的對你很好啦……」我從資深老師的話語中想像，汽修科學生可能身上有刺青，刺龍刺鳳之類的。

教務處的大辦公室有眾多資深老師，嘉雯跟我是新進教師，坐在最靠近門口的兩個位置。學校同事跟我以前在職場上互動的氛圍很不一樣，老師們坐在自己的座位上備課，改作業，課很多，彼此不太聊天。

我跟嘉雯一下課就湊在一起，討論剛才哪個班有什麼狀況？哪些學生又作怪？

我們各自用什麼方法平定亂象？**話題總是繞著學生。**

學生走進辦公室，最先看到的就是我們兩個，我們既菜又沒有威嚴。學生很喜歡我們，也經常傳授我們「帶人帶心」的方法，嘉雯有課時，學生看到我落單，會問：「拎音樂ㄟ咧？」（你的音樂老師呢？）

真實的課堂跟我試教時完全不同。第一次上課感覺還不錯，學生對我充滿好奇，一連串的身家調查，住哪裡？結婚沒？我正經八百，他們盡問一些與課堂無關的事。

我講國語，學生講臺語，頻率不是很對得上，學生用臺語問：「你聽有臺語嗎？」、「你會說臺語嗎？」我在臺北是可以講上幾句的，到了南部倒像牙牙學語，一急，講起話來就顛三倒四。**學生極力想要把我的臺語教好，就跟我想教好他們的國文一樣。**

教學狀況多，愈挫愈勇

新老師的賞味期很短，之後的課堂一次比一次更揪心。每堂課有五個以上趴在桌上睡覺，想叫醒學生卻不知道該從哪一個開始叫，後來就知道要從脾氣比較好的先叫，有的學生很兇，起床氣一來還會罵人。有的學生睡得很沉，附近的學生會說：「他昨晚都在打電動，很累，不要叫他，叫不醒的。」不過我還是會走到他旁邊，敲敲他的桌子，喊喊他的名字，但往往是睜開眼看看我又繼續睡。

每天上課前要要花很多時間想怎麼開場，怎麼樣可以讓學生醒著上完一堂課。睡覺的問題還沒解決，學生聊天的狀況愈來愈多，一找到機會就聊天，一堂課要生氣好幾次，摔粉筆，罰站，叫班長管秩序，下課後跟導師告狀，每天週而復始。要不就是要我加入他們談論的話題，讓我想上課也沒辦法上，有時候甚至連課本都沒打開就下課了。

我好希望學生都能清醒而積極的融入課堂，才能有所成長，我辛苦的備課才有意義。也因此，**我嘗試過許多教學手法，失敗無數次，摸著石子過河，才能看到教**

學的藍天，成為我心目中理想的老師。

仙女悄悄話・

殘酷的現實讓你遍體鱗傷，

初衷為你帶方向，找定位。

4 課堂調味料夠不夠味？

我從小在臺北長大，到了嘉義教書，初次見到學生在鄉間小路騎腳踏車，省道上魚貫前行的畫面，一台台校車開進學校，數大便是美的景緻，有別於城市。

上課無以為繼的無力感

有一次，晚上借住嘉雯家，隔天趕著上班，不小心闖了紅燈，被警察攔下來開罰單。校車一班班過去，車上的學生探出頭來，吹口哨，鬼吼鬼叫。到了學校，學生一個個排隊安全檢查搜書包，不認識的學生還來問我，「剛才那個是你喔。」那一週，我成了學生消遣的對象。

花再多時間備課，依然有學生睡覺，我還是硬著頭皮一個個的叫他們起床，忍受學生的白眼。

醒著的學生很給面子，我可以感受到學生釋出的善意，他們有一搭沒一搭的回應我。**只要翻開課本，講到課本內容，那堂課的敗筆就出現了，滿眼看到的都是呵欠連連，手撐下巴，低頭看書，頭點得太大力硬是裝得若無其事，或者直接趴下。我怎麼能夠把國文課上成這個樣子呢？**這一定是我的問題，不是學生的問題。那時候的補救方式是為課堂加上調味料，上課前背幾個笑話或腦筋急轉彎，在學生昏昏欲睡時，醒醒腦。

學校有個外宿活動，學生跟我說，「國文的，你要來給我們看嗎？」剛到學校的我對學生是有求必應的，學生邀請我，代表學生對我有好感，當然要把握這樣的機會增進感情啊！

學生說，「如果你能夠帶零食來看我們就太好了。」我把心意裝箱帶過去。

原本對我友善的導師不理我了。有同事說：「因為你帶東西去看她的班，學生說國文老師有帶東西來，你怎麼沒有？」就這樣，我學到對非導師班可以出言關心，但要避免出錢。

不一樣的課堂調味料

教書第二年，我如願當上了美容科的導師，告別教務處大辦公室。重新適應新環境，搬到位於另一棟大樓的美容科辦公室，身邊都是資深的美容科老師。

我帶的是建教班，很特別的學制。我教兩個班，全部都是女生。一個班在學校時，另一個班在企業實習。三個月之後，兩個班交換，實習的回來學校上課，在校上課的換到企業實習。還好我有三年的職場經驗可以吹吹牛，學生對職場充滿幻想，她們的眼神，有光。

學校沒有硬性規定要用什麼教材，「我們的學生不喜歡念書，只要她們願意學都好。」資深老師這麼跟我說。我發現每次的歌唱大賽，學生報名超踴躍，站在司令台上，毫不怯場，臺語哭腔的轉換彷彿置身黃乙玲的演唱會，讓人寒毛直豎，渾身雞皮疙瘩，如癡如醉，觸動在異鄉的我。我的課堂調味料變成在歌曲中找古詩詞，學生反客為主，好不盡興。

辦公室的資深老師會提醒我美容科學生要注意哪些事情：記得帶假人頭，帶相關用品，身為國文老師跟導師的我感激不已。我跟學生說：「旁人善意的提醒，不用排拒，如果別的老師請我們班吃東西，一定要記得說謝謝。」

看起來微不足道的小事，對初來乍到的菜鳥老師來說，椿椿都是大事。要不被學生奚落，言行一致是必要的。與同事交往，要顧及對方的面子。資深教師是寶庫，多請教，多長進。早點了解這些，能夠避免無謂的怨懟與情緒。

仙女悄悄話

職場生存能力往往是學校考試不考，測驗測不出來的重要小事。

5 不受尊重的私校生涯

九二一之後，我辭去嘉義教職，回到臺北的私立學校教書，一切都是新的開始。開學第一天，學生語帶批評地說，「老師國語不標準，臺灣腔很重。」從小在眷村長大的我，在嘉義教書那兩年，臺語成了母語。

菜鳥導師二三事

一個班級四十七個學生，顆顆掌上明珠。學校說家長都是有頭有臉的人，但這年頭誰沒有頭沒有臉呢？

導師的座位在教室後方，沒有辦公室，連坐在位置上思考都會被其他任課老師的授課聲干擾。**當我有其他班級的課，走出教室時，學生鬆了口氣，就連我也眷戀戶外清新空氣。**

有一次，我正在上課，學務主任在教室外伸手比了比，要我到走廊上。我以為發生什麼大事，刻不容緩，立刻放下學生，走到外面。

主任說：「余老師，走廊上有一張垃圾。」

同事說：「你看主任敢不敢在上課時間把資深老師叫到走廊上撿垃圾……。」

馬善被人騎，菜鳥被人欺。

還有一次，餐費整整少了四千元，帳目怎麼算都不對。請學生確認身上的金額，問了也是白問，沒有人回應。因為這一筆錢，回家難過了好久。為了補足金額，那個月感覺好幾堂課都是賣力的做了白工。

每天早上七點多進學校，上課，改作業，約談學生，其餘的時間做講義和測驗卷。學校規定不能使用參考書，不能買廠商編的測驗卷，老師們把一本本參考書上的題目剪下來，貼在B4紙上，卷頭加上學校名稱，影印成卷。日復一日，剪剪貼貼。傍晚快六點放學，天黑了，人乏了。看夜自習，鐘點費比較高，有的同事天天留校，月薪破十萬。除了導師必要留校的日子，我一放學就離開，片刻不留。

平日沒有自己的時間，假日休息補眠，沒日沒夜，是我想要的生活嗎？大量時間浪擲在製作測驗卷，是我期待的教育嗎？轉頭想想，公立學校教師甄試幾百人角逐一個名額，門檻太高，先待在私立學校好了。

不信任傷了我的心

直到發生了一件事，我才徹底了解貴族學校的生態並不適合我。

上學期期中，教務主任客氣的說：「余老師，有家長說你罰寫次數過多。」主任不肯透露是哪個學生、哪位家長，我也無從得知。**這就是典型校園弊病，學校不信任老師，擔心老師會挾怨報復。家長不信任老師，認為老師會為孩子貼上標籤。成人間的猜疑真的能解決孩子的問題嗎？**

這件事情風風火火，檯面下更是精彩。學生私下傳著我被教務主任叫去辦公室的事情，眾說紛紜，學生比我更了解整個局勢。善良的學生提醒我：「你要小心一點，某某人說他是校長的鄰居，他媽會叫校長把你換掉。」也有十幾位家長力挺我，到校長室要求不要換掉導師。

教務主任再次找我時，面無表情的說：「余老師，要將你調離這個班級的國文課。」我百般不捨的問：「我跟班上學生感情很好，還能繼續擔任導師嗎？」

現在想來，真是自作多情。

寒假期間，想到不明不白地被換掉，我到底做錯了什麼呢？天天以淚洗面。

下學期開學，我成了專任教師，跟其他專任老師們坐在同一間大辦公室裡。

我昔日導師班的打掃區域正是專任辦公室。學生們來打掃時，眼神避開我，假裝沒看到。聽不到熟悉的稱謂，曾經他們叫得這麼的自然；找不到週記裡的熱絡，同喜同悲，蕩然無存。

這些事讓我想到了「貶謫文學」，屈原以降，學而優則仕的文人們離開權力中心之後，看清了朋友，也認清了現實，就連師生之間都有可能什麼也不是。多數學生的勢利讓我心灰意冷，貼心的學生讓我至今感念不已。

學期結束，我向校長提出離職，決心考公立高中，同時警醒自己無須對學生掏心掏肺。離開私校的第一年我到公立高中代課，一一七的學生推翻了我不再掏心掏肺的喪氣話。（一一七的學生參見頁四十八〈不一樣的教學體驗〉。）第二年，我考取公立高中教職。

仙女悄悄話．

信任是義無反顧地支持。

一旦瓦解，出走是必然。

6

不一樣的教學體驗

離開私立學校以後，我能去哪裡呢？

試教遇伯樂

好羨慕跟我同時離職的同事考上公立學校，我沒考上公立學校的正式缺，只好繼續奮戰，考代理教師。未來我只想教高中，便刪去國中選項，專心考高中。

很幸運的，第一、二所學校間隔一天放榜，都是榜首。我選擇了第二所學校中正高中，這是所男女分班的大學校。試教為我準備粉筆的老師恰好和我同辦公室，與我隔了條走道，在我鄰座。老師受邀至第一所學校擔任評審，看我試教時，覺得我有潛力，後來在辦公室經常鼓勵我，她就是雷涵琳老師。

幸福一一七

我是一一七的導師，班上四十一位學生，都是男生。私校的教學經驗讓我對學生有了戒心，新環境我打算做個教育公務員，不期不待，睜隻眼，閉隻眼，減少傷害。

第一次班會課，全班七嘴八舌要為我取稱號，「余美人」票數最高。「虞美人」讓我想到亡國之君李後主「問君能有幾多愁，恰似一江春水向東流」，期期以為不祥。在決定班級家族名稱時繞著我打轉，家政課找我試吃成品，軍訓課烤肉通知我，替我準備我最愛的玉米。我就像班寶，四十二號，有身分、有地位，時時感受得到。

喜歡參加朝會是因為一一七，司儀說著「得獎的是一一七」，學生們趁機耀武揚威的亂叫亂跳，不擔心其他班級側目。男生班能在二十四個班級中拿到整潔和秩序的前三名是何等的驕傲！死氣沉沉的朝會中，我們班是唯一頒獎時，群起慶賀手舞足蹈的班級。後來，我到其他學校任教，看到學生領獎面無表情，總會想起一一七的歡聲雷動。

「明天記得帶衣服來換。」康樂股長在籃球冠亞軍賽前一天跟我說。得到亞軍的我們在操場上狂灑香檳，一身酒氣，鋒頭蓋過了冠軍。夕陽餘暉下，學生們回到教室拿拖把將球場拖了好幾遍，這是一一七的貼心與主動。我的第一台數位相機見證了這段輝煌的歷史，花了三分之一的薪水買相機記錄與一一七的回憶，在這之前每次都是拜託小潘跟他爸爸借相機的。

每件事都會有人跳出來做，做得不好的話，曾經指著我大罵「婦人之仁」的阿三，會像糾察隊時不時提出修正，有人緩頰，有人打圓場，有人負責收尾。這是個夢幻的班級。

當老師的我很幸福，因為一一七。

我們「同一國」

阿三在二〇〇八年寫過一段話：

「我就是那個被丟粉筆的阿三，好多事我都已經忘光光了，但我只記得有這麼一個好老師出現在我的生命中，如果沒有她，我想一一七這個團體也無法這麼團結吧！

大家應該都是因為老師才會這麼團結
不希望老師失望，畢竟老師是好老師
高一那一年真的是我高中三年過得最充實的時候
謝謝大家的陪伴，也謝謝老師的教誨。」

前幾年，我們參加拉達婚禮，好漢提起當年勇。眼睛炯炯有神，血脈澎湃滾燙，骨子裡歌頌的是容光煥發的青春。上課鐘響，班上仍吵得響徹雲霄。通常老師在氣憤下說，「講話的站起來」，是沒有學生站起來的，這句話只是讓學生安靜的發語詞。哪裡知道，幾乎全班學生都站了起來。

「從一一七跳到一一一，再從一一一跳回一一七。」

學校的走廊有多長啊？走著不長，跳起來可是很遠。

一群人就這樣前前後後的跳著跳著，跳不動的就用走的，沒有人笑得出來。來回一趟後，回到教室，繼續罰站，眼神沒有怨恨，倒有滿腹委屈。

忘了是誰撒嬌的說，「妳可以不要生氣了嗎？站著腳真的好酸喔。我們可以坐下來嗎？」其他人在一旁搓揉酸痛的腳。

我問：「你們為什麼這麼誠實，明知道會被處罰還說實話。」

「本來就做錯事了，處罰也是應該的。」一群好有反省能力的孩子。

我告訴自己，以後再生氣也不能體罰學生。

平民跟貴族最大的不同在於，平民受到責難，還願意記得我對他們的好，那種好不會因為情緒高漲而消散。他們知道我們是「同一國」的，不分彼此。

一一七的孩子在陽光照射不到的幽暗灑下金光，他們讓我明白自己可以當個好老師。

仙女悄悄話

不要陷入恐懼而不敢付出，不要自我設限而不敢給予，在愛的跑道上，我們都是充滿能量的巨人。

7 初衷

結束代課的我，第二次參加正式教師甄試。我還是只想待在臺北教書，即使身邊的人要我去考外縣市學校，增加錄取機率，我仍不為所動。

教師甄試報名者眾，僧多粥少，壓力讓生活更加緊繃，食不安席，睡不安穩，馬不停蹄，一間一間的應試。筆試沒有範圍，僥倖過關，還得接受試教和面試的考驗，一關接一關，在螢幕前點開榜單總得深吸一大口氣，查了幾次榜之後，信心愈來愈少，滿腦子的自我否定：「我一定不適合當老師」、「誰知道評審到底想要什麼樣的人？」、「再怎麼準備也沒有用」。考到第六所學校中正高中，有緣的話，高二分班還能再教到幾個一一七的學生呢！離職時沒能親口道別，總想著下學期還有機會再見面。

天不從人願，按著滑鼠鍵的手抖得厲害，筆試差了三分，我聽到心碎的聲音，我跟自己說應該出門走走，不要困在電腦前，走到社區中庭又不知要走去哪？原地打轉。我想到一一七，想到以往的職場經驗，老師跟程式設計師這兩份工作，我想要哪一個？這讓我又有了動力，鼓起了勇氣繼續報名，繼續考試。自我激勵要在上百人的考試中爭取唯一的名額，脫穎而出。好不容易榜首的姓氏出現「余」，卻不是我的名字。該流的眼淚也流得差不多了，考完第九間學校，我開始質疑自己可能不適合當老師。

大家愉快的放暑假，我還深陷水深火熱的教甄煉獄中。

柳暗花明又一村

接近七月底，正式缺額開得差不多了，八月則是代理教師的甄選。代課期間坐在我隔壁的雷涵琳老師打電話鼓勵我，「余懷瑾，你很認真，中正也快開代理缺，你可以再回來考代課。」

資深老師打電話給我，這對當時菜菜的我來說是極大的鼓勵，通話的十分鐘裡，雷老師不斷告訴我我有多麼的好，給了我前行的勇氣，讓我相信我是值得期待的，不該以眼前的成敗論英雄。

過了兩天，內壢高中竟然開了兩個國文教師缺，我毫無懸念的跨縣市報名。如果沒有雷老師的電話，我大概還在考代課老師吧！

整理了報名資料，依舊是百來人考試，考完筆試，通過初試的十人名單中有我，戰戰兢兢準備起試教。準備考試期間，有些時候會覺得累，特別想睡覺。有些時候，莫名其妙的想吐，乾嘔幾聲又吐不出東西。還沒考上正式教師，也不敢多想，只想趕緊找到個棲身之所，不用年復一年的準備資料，不必苦於東奔西跑的考試，一場又一場。

我抽到《桃花源記》，籤運太好，這一課我再熟不過。準備試教三十分鐘，等候期間還因為想吐，站在水槽前，深吸好大一口氣。上台試教，台下有三位評審，兩位相當友善，另一位則是聽著聽著就把眼睛閉起來，這讓我相當惶恐，難道又要陪榜了？不過，我覺得自己教得挺好的，超乎平日的水準。

我考上內壢高中，正取第一。查榜那瞬間，心底驀然升起大事底定的篤定從容。「春風得意馬蹄疾，一日看盡長安花。」從唐代到現代毫無違和感，更能體會「昔日齷齪不足誇，今朝放蕩思無涯。」的快意灑脫。

直到接了聘書，才去看婦產科，孕吐也愈來愈嚴重。我想是因為孩子的保佑，才能順利考上教甄。那時候並不知道懷的是雙胞胎。

當時的評審林淑娟老師後來成為我的同事。她告訴我，閉眼聽課的老師是武陵高中資深老師，評審會議時，那位老師說我深入淺出，給我很高的評價。這也讓我學到不要被評審的表情嚇到，把最好的表現出來就對了。

仙女悄悄話．

誰能發掘你蘊藏的光芒？

一是家人，二是貴人。

第二部

用溫度成就更好的自己

1 營造氛圍，人人有責

平平安安五個月大時，臺北市的學校開了正式教師職缺。安安已經脫離保溫箱，鼻子上掛著鼻胃管，照顧不易。在餵奶和尿布之間周旋的我，把握這難得的報名機會。

試教抽到《赤壁賦》，沒時間準備的我裸考應試，只求在限定時間內順利教完。放榜時，看到備取第一，心揪了下，教師缺額少，想來遞補無望。哪裡知道，正取的老師竟然沒報到，我成功的考回臺北市，終結臺鐵通勤的夢魘。

當時分身乏術，想請育嬰假，專心照顧孩子。幾番考量，擔心學校因為我這新進教師留職停薪，還得聘代課老師，決定咬牙先教一年好了。

不情不願，我成了國文科召集人

首度跟同事見面是在國文科教學研究會，簡單自我介紹後，就到了推舉國文科召集人的重頭戲，有人說「當過了」，有人說「家裡有事」，各種理由的無法勝任。我同樣「家裡有事」，帶著孩子四處復健，身心俱疲，心有餘也無能為力。

再者，我年資最淺，經歷最少，實在不適合擔任這個重責大任，在場老師們的極力鼓吹像是卸責。

第三個原因，初來乍到，我對學校人事的運作不甚了解，需要觀察期，「是不是可以由其他老師擔任，我下一學年度再做」。「不容置喙」的成語用在這裡很適合，跟同事第一次見面就被眾人推派為召集人。

我想到這句話，「**最大的悲劇不是壞人的囂張，而是好人的過度沉默。**」

上課抽籤罰唱歌，營造課堂熱烈氣氛

我的上課方式是傳統一排排的直排座位，講桌上有籤桶，我問一個問題，抽一個籤，不會回答就站著；繼續問問題，抽下一個籤。抽到的人臉色不好看，深怕答錯，要罰站，說是「苦主」也不為過。倘若其他站著的人剛好會這題，舉手搶答，這個人就算會，沒機會回答，仍是得站著。

抽籤互動，學生戰戰兢兢，根本不會想睡覺。

抽籤時像防賊一樣，數數看有沒有少籤，三令五申，不可以偷偷把籤拿走。了解學生習性後，清楚哪些籤有可能成為隱藏版，我也不是省油的燈，抽了籤，直接念隱藏的號碼，學生一驚，「這個號碼沒在裡面啊！」、「不會吧！最好有這支籤。」一原本嚴肅的抽籤氣氛瞬間變成招供大會，笑成一團，我再度重申不能把籤拿走的大原則。

道高一尺，魔高一丈，學生索性做了好幾支同樣號碼的籤以減少自己中籤機率。我抽到同樣號碼的籤會放在講桌上，不再抽，單一號碼的再擺回籤桶，繼續抽。後來，學生會問：「真的是這個號碼嗎？翻過來給我們看。」挑戰權威，我覺得挺好的。

下課鐘響，站著的學生都要上台唱歌給全班聽，也因此，下課前五分鐘，學生答題格外踴躍。

在學校很忙，除了教課，學生有層出不窮的問題，我總在放學後才想起平平安安。

抽籤的反思

後來，有學生在週記上寫著：

「真是一堂很棒卻又不想上的課。不想上，不是因為無聊又無趣。而是太有聊又太有趣。還有太……恐……怖……只要是國文課，大家的念頭都是，不管怎樣，坐下就是福吧！但是為了坐下，你必須想盡辦法，我從來沒有見過一堂課，大家這麼踴躍發言的，而且還舉手的，這樣上課的方式是沒什麼不好，只是壓力大了點，不過人是要在壓力下成長的嘛！因為你擁有別人沒有過最特別的上課方式……」

不管國文程度好壞與否，學生在我的課堂格外有活力。不過，**抽籤還是有缺點的，孤軍奮戰會讓內向的學生過於緊張。**

被拱上召集人和學生投入上課都讓我體會到「氛圍」的可貴，冰凍三尺非一日之寒。**營造氛圍，人人有責。**

仙女悄悄話・

先來者照顧後到者，是前輩的氣度。

絕大多數成就少數，是團隊的高度。

2 我的早自習作業

如何讓學生不遲到？

我規定學生七點三十分到學校，比校規早十分鐘。我要求自己七點二十分到學校，學生知道仙女比他們早進教室。

我好愛上班，好想再早一點到學校。

每天開車時，不開廣播，也不聽音樂，我在想當天早上要跟學生說什麼，認真地回想，班上昨天發生了什麼事，怎麼樣還能夠處理得更好。從臺北市北區到南區，這一段遙遠的上班車程，不再以為苦，靜謐地跟自己對話。

離開職場後，我常會想到我第一份工作的年輕主管。

想到他那一雙介紹CPU三八六、四八六、五八六時發亮的眼神，我當時覺得他真怪，怎麼會有人這麼熱愛工作？教書之後，不用別人告訴我，我就能感覺到自己在發光，連走路都洋溢著歡喜。就連學生也跟我說，「仙女，妳很開心嗎？妳走路都用跳的耶！」

停好車，背了包包，我直接進教室。

三三兩兩的學生正在聊天，一見到我，先是露出驚奇的表情，四散回到座位。

我走向講台，拿起粉筆，從靠近走廊的黑板寫起，把我在車上想過的話寫出來，不假思索，振筆疾書，粉筆一字字的敲在黑板上。寫到重點時，我會換黃色或橘色的粉筆。換粉筆時，班上安靜無聲，直到我再次書寫，教室裡因為粉筆節奏響起，有了另一番生氣。

有時候，我會思考怎麼遣詞才不像責備，停下粉筆，回頭看看學生，有幾個學生也正望向黑板，挑著眉，相視而笑。從黑板右邊寫到左邊，高跟鞋喀喀喀，是早自習聽覺的記憶，最後畫上經典的仙女笑臉。

學生低頭著寫著早自習某一科的考卷，我會走到教室後面，拍下我的「早自習作業」，它即將在第一節課任課老師到來時，消失。

「仙女今天寫什麼？」遲到的人通常會這麼問隔壁的同學。

平日要求學生學習單要寫滿，我雖然不需要寫學習單，但會寫滿黑板，這是我的示範。

偶爾也會有學生抱怨，「學習單為什麼要寫滿？」

「**仙女都把黑板寫滿了，你憑什麼不寫滿。**」我聽過有人這麼跟同學說。

寫黑板時背對著學生，但我感覺得到有人進教室，拉開椅子，放下書包，早餐塑膠袋的聲音，我不會回頭，免得學生跟我對到眼，尷尬不好意思，他們也不想遲到的。

再下一次，遲到的人會更少。在我的班級裡，學生遲到的機率微乎其微。

滿滿的黑板，滿滿的能量

一個滂沱大雨的早晨，我開車時心裡想，「學生淋得濕答答的，路上又塞車，能八點前到學校已是萬幸。」但我仍想要鼓勵那些準時的學生們。

一進教室，我真不敢相信這是個惡劣天氣的早自習，因為全班都坐在位置上了。我當下有股吶喊的悸動，很想大聲說：「我們班真的太棒了。」

我按捺住心裡的翻天巨浪，在黑板寫下了我對學生們的敬意，那一天我用了更多橘色粉筆，畫上笑臉後，走回導師室。

八點，妍霖來找我，「仙女，不好意思，我今天遲到了。」

我表示一點都不介意她遲到，雨勢太大，大到我開車到學校的路上狀況不斷，能平安到學校就好了。

她難為情的說：「仙女，因為你寫全班都沒遲到，我真的不是故意的。……」

仙女的黑板，早自習的黑板，能量飽滿的黑板，在一大早成了打卡景點。

文字取代叨叨念念，更有力量。

仙女悄悄話・

重複的提醒，從耳邊溜過。

寫下的叮嚀，在心底靠岸。

3 大家來舉手

怎麼樣可以讓學生在課堂主動舉手？

打從教書第一天起，我就很希望課堂上所有學生都能夠投入，沒有人被排除在外。**不管賢愚，不論強弱，都能融入課堂**。

抽籤就能夠解決上述問題，所以這一招我連續用了好多年，無往不利。之所以一用再用，是因為想不到新招，但我深知抽籤並不是個最好的方法。

學生一排排的坐著，目不轉睛地看著我的手放入籤筒中，鴉雀無聲，「幸運籤」抽出後，其他人歡天喜地，鬆了口氣，籤王承接了大家的祝福，一個人站起來回答，如臨深淵，如履薄冰，其他人彷彿等著看他出糗。

抽籤固然能夠讓學生不睡覺，神經緊繃，精神專注，但多數學生是害怕恐懼的，這是個把快樂建築在同儕痛苦之上的制度。

抽籤前，看得出來有些學生們會想回答問題。問問題時，雖然沒有人舉手，知道答案的人會在下面小小聲地說著答案，有時候答案是對的，有時候答錯，「回答問題請舉手」這句話，嚇跑了剛才出聲的人。

學生也會偷偷的把籤拿走，幾次過後，我就不抽籤了。

緊張刺激，所以專心

學生最怕文言文，為了讓他們舉手，我想出來一招，叫做「大家來舉手」。只要我問問題，全班就要舉手，最慢舉手的就要回答問題。

成績好、成績不好的都會舉手，懶散的、勤勞的也都會舉手。學生們迫不及待地想要舉手，甚至題目還沒講完就將手舉得筆直。全班三、四十人，我哪有辦法在數秒之間看得出來誰最慢。

我的解決方法是，困難的題目找程度好的學生回答，簡單的題目讓害羞的學生有表現的機會，開放式的題目就讓有想法的學生發揮，答案在課本上找得到的，人人都有機會。

「大家來舉手」讓每個學生都有被叫到的可能，雖不得閒，舉手時的表情卻是開心的、熱切的，全班一起舉手，這畫面是多少老師熱切期盼的。

學生在學習單中讚美我，我也很佩服自己能想到這招。

「仙女，你還說這堂課叫『大家來舉手』！天啊！這未免也太刺激了吧，平常聽到問題，只要不叫到我，當然就盡量不去回答。

除了那些舉手的固定班底外，我想，其他人跟我的想法是一樣的吧！

但是現在居然要我們一聽到問題就要舉手，明明就不會，還要硬著頭皮舉手。

每次我舉手的時候都超緊張的，不過這樣的方式，真的能讓大家很專心。

我看每個人上課都如此認真的在抄筆記，一分一秒、一絲一毫不敢鬆懈，我只能說仙女你真的是太了不起了！」

下課鐘響，學生紛紛說：「怎麼這麼快就下課了？」快嗎？我都快累死了，要讓大家開心，還要妥善分配誰來回答。學生這麼開心，是因為為師的我很有溫度啊！

仙女悄悄話・

風箏無法順風飛翔，逆風直上青天。

4 學習的溫度居高不下怎麼辦？

團體學習樂無窮，課堂日常嗨翻天

課堂精彩絕倫，分貝過高，怎麼辦呢？

「老師，可以請你們班安靜一點嗎？」、「老師，我們班正在考試，可以請你們班小聲一點嗎？」隔壁班的學生會在我上課時，走過來我們班這麼說。

靜下來一聽，我們班的音量可比菜市場。

我把文本設計成問題，像闖關遊戲那般，學生分秒必爭地答題。他們眾志成城，熱切討論，興起時，聲音愈來愈大，意見不合時，更是精彩，人人爭相表達，小蜜蜂嗡嗡嗡。我在一旁看著這樣的場面，著實感到滿足，誰說學生上課只會滑手機，打瞌睡？這樣的熱鬧我捨不得打斷。

尤其揭曉答案之後，學生歡欣鼓舞的吼叫感染了我，我的語調更加高亢，時而尖叫讚嘆著他們。說實話，我自己也挺吵的。

多麼美好的學習啊！不用3C產品就能攔劫學生的專注力。

有時候，一道題目全班答不出來，僵持許久，協力燒腦想出來後，會有一聲震天價響，我壓根來不及阻止。

「等等隔壁班學生又要來敲門了。」我經常這麼擔心著。

回到辦公室，同事問我，「你們班有什麼特別的活動嗎？」

我心虛的說：「沒有，就是上課而已。」

他們不關心上了什麼？教了什麼？學生學會什麼？只是想知道為什麼「這麼吵」。

上課的日常就是「這麼吵」，特別的活動「會更吵」。

但，我擔心制止會掃了學生的興、澆學生冷水，我還在想有什麼更好的方法可以持續保有學習的溫度。

我好愛這樣的課堂，這樣的師生互動，但又對隔壁班級感到抱歉。

我開始有意識的不要讓班級太high。在解題的瞬間，我會先說：「等一下聽到答案很開心，只能尖叫三秒，不要吵到隔壁班。」

學生把文本當劇本上台表演，一定會是演唱會等級的吵鬧。小老師會說：「快快快，坐窗邊的人把窗戶關起來，前面的人關前門，後面的人關後門。」學習的興高采烈，只有我們沉醉其中。

再後來，學生會說：「去看看隔壁班有沒有在考試，有的話，就小聲一點。」

經常有人問我：「仙女的班級經營為什麼這麼成功？」

有一個很重要的原因，我們一起走過一段不被外人了解的歲月，別人無法體會的歡樂課堂。

我們不像師生，是知己，是團隊，是彼此的驕傲。

仙女悄悄話．

縫補我們千瘡百孔的教學生涯，
為每一位值得用心對待的學生。

5 有溫度的課堂十不要

學校一節課五十分鐘，除了教學之外，學生在課堂的小動作多如繁星，老師看在眼裡難免不舒服，但這些都是有方法解決的，不需要跟學生嘔氣。

想要經營「有溫度」的課堂，切記避免以下十點。

一、不要刺激學生：

「再吵啊！」

「不是很愛講嗎？」

「繼續講啊，等你們講到開心，我再上課。」

都叫學生繼續講了，他能不講嗎？

二、不要殃及無辜：

「就說過不要再遲到了，為什麼遲到的人還是這麼多？」

「太離譜了吧，都高三了，今天八點到學校的只有十五個人。」

在場的學生安分守己準時到校，遲到的根本還沒到學校。

表達力第一課，講話要先看對象。

三、不要重複碎念：

「不寫作業，你們怎麼知道問題在哪裡？」

「不寫作業，不然，你們平常到底在忙什麼？」

「我的作業已經夠簡單了，你們為什麼不寫作業？」

「就叫你們要寫作業了，不寫作業成績怎麼會好呢？」

愈碎念，學生愈是不寫。

四、不要酸學生：

「自以為很厲害嘛！看吧！還好而已嘛！」

「你就是只念數學，難怪國文怎麼念都念不好。」

「不過就是跳舞冠軍，不念書還不是考不到好學校。」

「不是覺得國文投資報酬率很低嗎？怎麼突然念國文了？」

老師不要當酸民。

五、不要瞧不起學生：

「這個教過這麼多次也不會……。」

「早就知道你們不會寫作業了……。」

「真的沒有教過這麼差的班級……。」

「你們這一屆是我看過最不上進的……。」

貶低學生並不會讓學生進步。

六、不要翻舊帳：

「打掃時間不好好掃地，跑去司令台抽煙。上個星期作業抽查，國文沒交，歷史沒交，地理沒交，根本沒有一科有交作業，你到底來學校做什麼？每天遲到，上課睡覺，下課打球，座位底下垃圾也不丟，警告銷過了沒？上學期……。」

翻舊帳是揭瘡疤的發洩情緒，於事無補。

七、不要雙重標準：

「他平常表現很好，偶爾一次遲交，當然可以。哪像你，上課睡覺，經常缺交作業。」

調皮的百般刁難，乖巧的睜隻眼閉隻眼，對人不對事。

對待學生要一視同仁，標準齊一。

八、不要撂狠話：

「不準時交作業，平時成績零分。」

「我已經說很多遍了，遲交就是零分。」

「零分太多影響期末成績，後果自負。」

結果，學期末拜託學生交作業，免得當太多人。

樹立制度，說到做到。

九、不要愛比較：

「我教兩個班，為什麼你們班就沒辦法像九班一樣？」

「三班就是比你們班認真，哪像你們班，上課動不動就聊天。」

「五班比較團結，不像你們班，一盤散沙，什麼事都覺得無所謂。」

人比人，氣死人。

十、不要漠視某些學生：

「……」。刻意撇過頭不理會學生。

「……」。把學生當空氣視而不見。

「……」。看著學生嘆氣搖頭不發一語。

愛的反面不是恨，而是冷漠。

上述十種行為，並不會讓學生服氣，反而容易損及師生感情。尤其，說這些話時不以為然的表情，更是班級經營的大忌。

鼓勵與呵護，從老師做起，課堂自會洋溢溫暖的氛圍。

仙女悄悄話‧

成熟的大人對待孩子可以更溫柔。

別忘了，我們也曾經是需要呵護的孩子。

6

我不想當優良學生！

班會課，班長請全班提名優良學生候選人。學生有識人之明，提名的有勤勞服務者，對班級貢獻良多者，或是待人接物足以為表率者。

默默行善的小美第一個被提名，同學丟垃圾丟不準，她會拾起垃圾放進垃圾桶。午休時拿掃把將教室後方三不管地帶的區域掃一掃，同學即使垃圾照樣亂丟，小美的主動服務大家心照不宣。

她皺了眉頭，不滿意自己的名字出現在候選名單中。

第二個是擅長寫作的冠廷，他在班上極具領導力。他威脅全班說：「不要投我喔。誰投我，我跟誰翻臉。」一臉嚴肅。

第三個是佩君，佩君哭了。她拜託主席將她的名字從黑板上擦去，才不再膽顫心驚。

其他人要不默不作聲，要不帶著擔憂的表情，優良學生這等光宗耀祖的事，成了燙手山芋。

優良學生表現不優的原因

為什麼不想參選優良學生呢？

班級優良學生雖然是班級推選出來的，極具人氣。然而在選舉過程中，諸多班級都是讓這名學生孤軍奮戰，在朝會時對全校師生自我介紹、才藝表演與機智問答，面對著數百人甚至上千人說話。這些素行優良，熱心公益的優良學生就像被推上斷頭台，等著受死，狀況慘不忍睹。

有的學生機智問答講了三句話就倉促結尾；有的學生才藝表演剝香蕉、吃香蕉；有的學生臨陣脫逃，未到現場，寧可被記警告也不願上台；有的學生由三、四位同學舉著選舉牌陪同上台，牌子蓋著臉。

台下的人可以明顯感受到優良學生的恐懼，講起話來斷斷續續，語調平淡平板，內容乏善可陳，偏離主題，荒腔走板，應有盡有。

有些老師批評學生，「我們的學生就是這樣，上台也不準備，不好好把握機會。」

真的是學生們不會把握機會嗎？

同學們為什麼選了優良學生，卻任他們獨自上台承受難堪？

學校辦理優良學生活動增添這些學生無限的困擾。

一九七七年*Book of List*雜誌訪問三千人「最恐懼的事物」，排名第一的是**「公開演講」，高達百分之四十一的比率**，而「死亡」只排名第六。

二〇一三年「信不信由你」倫敦博物館針對二千名女性做的「恐懼事物」調查，**「在公開場合演講」位列前三名，「死亡」排名第四，「火」排名第五。**

可見公開演說多麼的令人不安啊！**平常沒有訓練，缺乏策略性練習，貿然上台只是讓優良學生公然出糗，讓這些認真付出的好孩子成為眾人笑柄。**年復一年，年年如此，實在殘忍。

每一年，我們全班會設計一個主題陪優良學生上台表演，為他助選，有了同儕壯膽，優良學生有了信心，會更想表現得更好，機智問答（會預先給題目）反而超乎預期的流暢自然，全班成就優良學生，因為他是「我們班」的優良學生。

▲ 全班一起為優良同學助選。

仙女悄悄話・

我們給予好孩子的鼓勵是帶著他更加認識自己，更有自信；而不是貿然推舉他，在毫無資源與團隊支援的情況下，讓他手足無措。

7 這個學生不一樣

「仙女，你要不要吃冰？」中午我到教室陪學生吃午餐，他們開心的招呼我。

「仙女，你要加什麼料？」

「這麼好？還有料？」我突然覺得不對勁，為什麼學校會賣冰？今天又不是園遊會，也沒有特別的節慶，只是個普通的日子。

學生開心的指了指坐在第一排的蘇胖。

蘇胖正刨著冰，喜不自勝，「仙女要來一碗嗎？」

他的桌上放著刨冰機，地上有個釣魚的冰箱，冰箱裡有冰塊，有配料。

「仙女，你來太晚了，今天料賣光了，你先吃這些。」他遞了一碗冰給我。

左右的學生不斷誇讚，蘇胖生意很好，價錢公道，遠近馳名。

賣冰繳罰單的想法酷

教書第七年，第一次有學生在學校賣剉冰，是販售，是營利。

我問蘇胖賣幾天的冰了？他說第三天。

「為什麼你在教室賣冰，我都不知道？」

「仙女，你十二點半午休才來教室，冰都賣光了，打烊了，你當然不知道。」

難怪我看到國中部學生拿著剉冰離開我們班，一臉滿足。

圍在一旁的學生說，「蘇胖這幾天生意超好，連國中部的學弟都慕名而來。」

他既要剉冰，還要加配料，為了衛生起見，找錢由同學幫忙。

蘇胖騎機車被開了罰單，他不敢跟媽媽要錢繳罰單，就想到來學校賣冰。

我跟他說學校不可以賣冰。

才高一的他回我，「為什麼不可以？」

我看著他說，「你乾脆來學校賣烤香腸好了。」

蘇胖結束了三天的剉冰生意，營收足以繳交那張一千八百元的罰單。

我覺得他超酷，想到這種解決問題的方法，與眾不同。

很多老師教書一輩子遇不到這樣的學生，我真是幸運。

我不停讚美蘇胖的壯舉，讚嘆連連，沒有警告，沒有處罰。

還有一次，蘇胖在他的網誌上寫了篇文章，大意是：岳飛和秦檜，前者馳騁沙場卻為莫須有罪名而構陷入獄，後者位居權力核心圖謀不軌，生活極盡奢華。那又如何呢？兩人在黃泉下都不會知道世人如何評價他們。

於是，我這潛沉許久的潛水夫浮出水面破天荒地留下好長的一段足跡。

「看似成理，似是而非。讀聖賢書，所學何事。而今而後，庶幾無愧。倘若金錢能帶來的快樂是無與倫比的，是能夠超脫死生病痛的，是能夠維繫情感的和諧，金錢確實萬能。可是贏球致勝的痛快恣意是千金難換的，馳騁球場的酣暢淋漓非得親身體會，與球友的碰撞縱是流血也瀟灑以對。

大把的鈔票撼動得了球場中的你嗎？」

隔天，熱愛籃球的蘇胖跑來跟我說，「仙女，人生好難喔！可以兩種都要嗎？」

蘇胖是我帶過最特別的學生之一，從高中到現在都是。身為船員的他，可有說不完的航海故事呢！他的人生精彩而獨特。

平平安安出生時，我總覺得她們「不正常」。是我欣賞學生的眼光扭轉了我對自己孩子的看法，她們不是「不正常」，而是「不一樣」。

仙女悄悄話・

把不正常視為正常才是教育的常態，

把不一樣視為瑰寶才是教育的價值。

8 慶功的隱形養樂多

學校裡的班際競賽，學生意願頗低，運動項目除外。發揮創意，青春洋溢，團隊合作，立意很好。軍歌比賽是其中一個讓學生提不起勁的活動。

軍歌比賽行之有年，考驗教官和導師如何循循善誘。明眼人都看得出來，學生當真不在乎。皇帝不急，急死太監。沒有一個大人想當太監，卻又不得不催促。

挑選哪一首歌，怎麼練習，都是學問。不想花太多力氣練習，就挑最簡單的唱，省時又省力。想展現獨特的，就挑難度高一點的歌曲。

國防課中，教官熱情指導，不遺餘力地讓學生再三排練。口號、服裝、動作、隊形、走位，都一一確認。身材高的不會擋到個子嬌小的，音量大的能夠帶動大家。

舉養樂多，乾杯

雖然不是全體學生都重視，總會產生幾個為了班級榮譽的精神領袖。他們會跳出來詢問大家意見，週一二三四五哪一天放學後能留下來。三喬四喬，總是能找到一天，全班結伴留到五點。既然學生留下來，我也會拿著相機拍照陪著他們。

一般來說，比賽前三天，學生才會真正感覺到時間壓力。卯起來練習，多半是向老師們借課，有些老師借，有些不借。不管借或不借，此時練習的品質大大的提升，像樣多了。

比賽當天，我們唱得震耳欲聾，鏗鏘有力，特別精神。別班聲若蚊蠅，如喃喃細語，可以推測練習得應該比我們班更少。如意料中，我們班得到第二名，學生興高采烈。

「仙女請客！」的聲音不絕於耳。

國文課，學生還記得要「仙女請客」。提醒要交作業了，還是會忘記。要「仙女請客」，倒是牢記在心。

我不慌不忙的說早就準備好了。學生眉開眼笑地睜大雙眼看著我。

「等等大家配合我喔，我說什麼你們就做什麼。」

「大家看看桌子的右上角，有一罐養樂多，這是我剛才請合作社的阿姨送到班上的。」學生們看看桌子的右上角。

「你們先不要碰它，才剛從冰箱拿出來，瓶身還有水珠。」學生們笑得合不攏嘴。

「我們一起拿起桌上的養樂多，大家跟我一起，把膠膜打開，慢慢的，輕輕的，小心一點喔，不要灑出來了。」學生們輕手輕腳的學著我拿起養樂多罐子，撕開膠膜。

「讓我們一起舉杯，恭喜我們班得到第二名。」我伸直了手，學生們也伸長了手。

「乾杯。」學生們接連不斷的相互道賀。

「隱形養樂多」讓好多女生眼睛彎成橋，男生豪邁如牛飲。

美好的班級經營是什麼模樣：愉悅、尊重、認同。

一、**集體共識**：養樂多慶功宴展現班級的高度，打造團隊的幸福感。

二、**欣然接受**：「**沒有一個人**」臉上有嫌惡或自以為是的表情。

三、**共創回憶**：學生津津樂道養樂多的滋味，勝過請豆花、雞排或披薩。

帶班，舉重，若輕。

教書十年。天時，地利，人和，我遇到了一〇一。

仙女悄悄話．

手執空氣舉杯，不為別的，只因為愛。

9 跳樓的孩子

「你趕快過來，阿明出事了。」

一聽到阿明的名字，我火速衝到教室，班上學生七嘴八舌的要跟我說話。我一早還跟阿明說過話，他還對我笑了笑。學生你一言我一語的，「阿明要跳樓，胡迪在旁邊抱住他。」

「上課時，老師要分組，說兩個兩個一組，我們班四十一個人，沒有人跟阿明同一組，老師說他跟阿明同一組好了。上課的時候還很正常，怎麼知道下課他就走到走廊旁邊，把腳跨出女兒牆，是胡迪先發現的，他一把抱住阿明。……」

胡迪一百八十公分，身材魁梧，還好是他站在阿明旁邊，抱起與我一般高的阿明綽綽有餘。胡迪抓抓頭，說他當時覺得阿明怪怪的，抱住他是直覺反應，不覺得有什麼了不起的。

沒多久，輔導室、學務處、教官都來了，所有人都想了解發生了什麼事。

我打電話給阿明媽媽，將事情原委說了一遍，請她到學校一趟。

媽媽說：「老師，沒關係的，讓他在學校就好，他只是想嚇嚇大家，不是真的想跳樓。」

她覺得我大驚小怪，孩子沒事，何必要她跑這一趟。阿明媽媽應該是不了解事情的嚴重性，我們班在四樓，阿明若失足，幸運沒喪命，也會落得半殘。我這個導師更是驚魂未定。

另外受到驚嚇的還有當時上課的老師，他不知道稀鬆平常的分組竟然險些造成學生跳樓意外。

阿明上課很專心，是典型的好學生——在意成績，會為了區區三、五分懊惱，希望名列前茅，選座位會選擇講台前方的位置。

他會在下課時到辦公室找我，站在我旁邊，沒講幾句話，就是站著。有時候我在忙，他站在旁邊，不會識趣的離開，還是站著。他的眼神很不一樣，定定的，不靈活。

學生們觀察阿明，發現他上課右手抄寫筆記，左手會搓課本，搓著搓著就弄破了。

上學期的學校日，我跟阿明媽媽說他的狀況。我講得含蓄：他很特別，很不一樣，可以多了解他，他或許需要協助。

媽媽要我不要太緊張，阿明上下學正常，循規蹈矩，沒問題的。

認識阿明愈久，就愈覺得他「不一樣」，他應該需要醫療與特教資源的介入。

阿明沒有出亂子，我也沒有理由打電話給他母親。雖然他母親不理睬我的建議，我還是請了班上幾個靈光又友善的學生多關心阿明，留意他的狀態，適時協助他。學生們會跟我說阿明的狀況，例如放學後在南陽街補習遇到他，一起吃飯，他的想法很另類，但是還可以接受。

下學期學校日，阿明母親還是來了，那天我們聊到一點多，我沒有吃午餐，因此印象深刻。母親說阿明的爸爸也是這樣子的。

我那時候還沒孩子，阿明的媽媽讓我產生許多疑惑：

一、**媽媽沒有發現孩子跟別的孩子不一樣嗎？**

二、**媽媽是不知道阿明的獨特，還是不想知道？**

三、**怎麼樣才能讓媽媽面對阿明的狀況？**

阿明跳樓未遂的那天，媽媽來了學校，在輔導老師的建議下，終於願意帶阿明去看醫生。

檢查是為了提供更好的協助

阿明請了幾天假，看醫生，做檢查。

回到班上後，輔導老師安排時間跟他談話。醫生與教授的訪談，能幫助阿明的人變多了，班上同學在分組時也會注意不再讓他落單，任課老師更是小心翼翼。

帶完高一，我就離職了。

阿明考上大學時，打電話到家裡給我，告訴我他考上了歷史系，謝謝我當年的努力。

家長只需要負責把自己的孩子教好，覺得孩子乖，不吵不鬧就好。

老師則要照顧每一個學生，很容易看出孩子的不同之處，是否需要協助，提醒家長也是期望能在孩子成長過程中多點協助，讓他們及早知道怎麼面對。

親師合作說起來容易，面對孩子的獨特往往是最棘手的。

仙女悄悄話

我們身上有著大大小小的印記，認識它之後，有人說是上天給的禮物，有人說是刻板印象。不管別人怎麼看它，我們得教孩子怎麼愛自己。

10

不以物喜，不以己悲

二〇〇〇年，我第四次教高一貶謫文學作品《岳陽樓記》。

學生表現出古仁人之風

全班分兩組，前面三橫排一組，後面三橫排一組。平常是前面三個橫排三組，後面三個橫排三組。這次調整為前面三組成為一大組，後面三組一大組。

輸的組別要唱歌，搭小火車，開演唱會。後頭的人用手搭著前面的肩，繞行高一所在的兩個樓層，邊走邊唱小毛驢，就當體會貶謫之困窘。

上課時，後排很快發現不對勁，前面組舉手總是最快被看到。前排順風順水，益發得意，後排屢屢高喊「不公平」。

「人生本來就不公平。」

「感受到不公平，除了抱怨，你還能做什麼？」

「遷客騷人」陰影面積大，隨著「雨悲晴喜」，以個人得失或喜或悲。

後排收起情緒，高舉課本，優先被注意取得答題權。後排寫妥答案，高舉白板，我一轉身，眼前有解答。後排運用策略，團隊合作，讓前排感受到壓力。前排不再以逸待勞，力拚，各式道具爭相出籠。

第二天戰況更為激烈，一前一後你來我往形成拉鋸。我像主持人，學生像參加益智問答的選手有備而來。預習者眾，後排站立，擔心錯失良機，捨不得坐下。前排嚴陣以待，短兵相接，以實力拚搏，創意取勝。

下課鐘響，學生欲罷不能，要我再出兩道題目，好翻身。我嘖嘖稱奇，學生臉上藏不住的驕傲，一片小蛋糕。

第三、四天，我們用繪畫重現岳陽樓氣象萬千。畫出文句，繪出意境，背出佳句，賞析文本。

「陰風怒號，濁浪排空」的失意宛在目前。落後的組與黑板上的畫毫無違和，隨即擺脫悲情。

「沙鷗翔集，錦鱗游泳」的歡喜栩栩如生。領先的組高興之餘，對勝利毫不戀棧。

第五天，我被學生洞悉了，兩邊皆派出不常發言的人。超前部署讓害羞的人優先，容易的題目禮讓寡言者發言。雙方君子之爭，不吝嗇給敵隊掌聲，彬彬有禮。更特別的是，即將面對搭小火車唱小毛驢的敗果，並沒有出現惡言相向，沒有攻擊對手，沒有酸言酸語。

學生滿臉通紅，為了搶答而振臂高呼，擊掌慶賀。他們聲嘶力竭，為了隊友而鬥志昂揚，全力以赴。

學生們的翩翩風度，讓我難以忘懷。邁向古仁人的「不以物喜，不以己悲」。

我想要記錄下這眾志成城的「完全課程」，於是興起了寫教案的念頭，但我不知道怎麼寫。查寫法，寫亮點，記方法，搭照片。

通力合作的班級，不分敵我，最是美麗。

那堂課之後，我的人生同步升級，跨越情緒糾結。我不再討厭下雨天的溼滑泥濘，順其自然的轉念。沒有厭惡，沒有皺眉，沒有憎惡，雨天與平日無異。

寫教案那幾個月，回想《岳陽樓記》與我的關聯。教書以來，頻頻轉換學校，連續教了四年高一。這是高一的經典課文，每教一次，就深化一次。學生哪裡能體會貶謫文學？每每

▲（左）陰天的岳陽樓。（右）晴天的岳陽樓。插畫：廖媛辰。

就愛抱怨不公平。這個不公平，那個不公平，全天下就他最公平。

「人生本來就不公平。」

「感受到不公平，除了抱怨，你還能做什麼？」

這兩句話成了我的口頭禪，提醒學生找出因應之道。

平平安安早產，病危，復健，我沒有哭泣太久。沒有哭天搶地喊著不公平，努力的想方設法。

平常在講台上對學生說的話，我親身實踐。向「百廢俱興，增其舊制」的滕子京看齊。

《岳陽樓記》不是課文，而是人生；《岳陽樓記》不是名篇，而是信仰。我看清了當別人握著佛珠，當神愛世人，是文學幫助我面對人生難以言喻的困境。

教學十年，我跟一〇一因《岳陽樓記》得到第一個獎項。一〇一國文課的班級經營經驗——以《岳陽樓記》為例。

《岳陽樓記》是我送給學生的禮物，我的主打歌。

仙女悄悄話・

文學不只可以賞析，同時也解決我們人生的問題。

11 簡報力是青少年的競爭力

學生也該學簡報

學生對著兩三位申請入學科系的大學教授面試，回來後，更有自信。

「仙女，我旁邊的人不知道在講什麼，緊張得話都講不清楚。」

「仙女，我覺得你國文課教的最有用的就是口語表達。」（我的臉上三條線……）

簡報表達能力是很重要的能力，教了三年，學生到高三面試才深刻有感。

學生乖乖聽課就不會被問問題，安安靜靜坐著寫考卷就能得到成績，準時交報告便可以贏得好名聲。

成年人在職場須面對升遷的壓力，乖不是護身符，安靜容易被忽略，準時交報告是應該的，沒有優秀的表現極有可能在新冠肺炎疫情中遭到資遣。

那麼，青少年為什麼會認為自己不需要學簡報？以下是我的分析與建議。

一、**沒有需求，缺乏動機：**

簡報能力是職場必備的能力，危機處理需要簡報，數據分析需要簡報，客戶提案需要簡報，行銷企劃需要簡報，把一份複雜的東西講得讓受眾聽得懂，讓對方接受，讓對方買單，職位得以提升，薪資得以增加，內外在光環俱足。

學校成績側重紙筆測驗，上台簡報佔分比率過低，誘因不大。坐著聽課就能夠取得高分，害羞的人還是可以待在舒適圈學習。對課堂興趣缺缺的學生，並不會因為上台簡報成功而獲得高分，沒有實質分數的肯定，無法拉抬動機。

教青少年簡報請先了解他們想跟世界分享什麼，而我們做好聆聽的準備了嗎？

二、缺少系統化策略與方法：

職場工作者一旦有了簡報需求，坊間課程多不勝數，三千元到數萬元不等，課程名稱不同，不同講師不同教法，各有各的特色，願意報名就有成長的機會。幸福企業還邀請大咖講師內訓，名師謝文憲憲哥和王永福福哥就經常獲邀到企業授課，上過他們課的學員至少增加一甲子的功力。

學校老師的主要專長在於任教的學科，對於簡報缺乏實戰經驗。說著「簡報要控制時間」，卻無法準時下課，學生怨聲載道。不妨試試看透過「1:3:1」的原則，開場、掌控中段與結尾的時間。

教著「簡報要有主軸」，偏偏老師自己也不擅長剪裁，無法去蕪存菁。這時可以透過「便利貼法」從發散思考到聚斂核心，主軸定調。

上課時說著「語調要有高低起伏」，老師自己的聲調卻始終如一，缺乏靈魂。其實可以在平日授課中讓學生感受到語氣的變化，聲情豐富。

簡報不單單在簡報課，而是在日常課程中的簡報裡。

三、不敢強調個別化差異：

買鮮奶你會買哪一個牌子？鮮乳坊。因為這是全台唯一動物獸醫師成立的鮮乳品牌，專業用心。

心臟萬一出了狀況，要到哪一家醫院？振興醫院。離我家近，心臟功能重建物理治療團隊很強大。

愈能展現優勢，愈能幫助客戶解決問題，愈能在市場站穩腳步。價格高昂照樣有人買單，重點是品質好不好？能不能解決問題？家家都在追求與眾不同，就算理念相同，同中也要想辦法求異。

青春期的孩子正在構築自己的世界觀，渴望自己與他人不同，即使在校園裡硬是不穿制服，挑戰權威，穿著喜愛球星的T恤，一身反骨，天經地義。上台報告時，他們的表現卻恰若相反，愈跟別人一樣愈好，愈快下台愈好，沒有掌聲也沒有關係，至少沒有噓聲，不會被嘴砲就好，不會被引起注意，就好。

大人職場上再厲害，對青少年來說，那是「你的」豐功偉業，不是他的。

看到青少年的天賦，給予支持，是門專業，更是藝術。

仙女悄悄話

說話是本能，說好話是本事，
教會青少年為自己發聲是大人的責任。

12

刺蝟學生的道歉

我挺欣賞文哥，這年頭見義勇為的學生不多。

他的作文，有獨到的觀點，語氣很重很衝。我私下跟他講了幾次，用和緩些的字眼，他嘴裡說好，但火力不稍減。

他的成績班排前十名，不需要督促，自主學習也沒問題。我期望這樣的學生多點寬容，看世界的角度可以柔和些。他的主見，帶刺，對我懷有敵意。

我不發飆，他說對不起

我在亮亮的週記上看到了亮亮的改變，他受洗了。生在**佛教家庭的亮亮，字裡行間透露信主得到的力量**。我想到大學時期，教友同學說，誠心祈禱，主會賜福。

我把亮亮找來，問他母親是否知道他受洗的事情？問他是否願意在國文課將這段努力的歷程跟全班分享？

亮亮同意了。他覺得能得到母親的認可很不容易。

我慷慨激昂跟學生們說，生活中一定有值得發現的。不用絢麗的文字也能打動人，儘管在日常找尋素材。

文哥在課堂上，義正詞嚴的批評我：「怎麼可以在課堂上念亮亮的週記呢？」、「這是隱私，十分不禮貌。」

我被這突如其來的態度嚇到了，亮亮也是。

「亮亮同意的。」課堂上，我對著全班說。

「念週記之前，我都會先徵詢同學的意見。」下課後，我跟他說。

文哥對我的態度就像手指被小刺扎了，傷口雖小，要挑出來還是得花些力氣，感覺得到刺痛，要拔出那根小刺得花很大的力氣。我沒找到與他和平共處的方法，面對他，該提醒的還是會提醒，時不時的會被小刺扎到，每一次都會痛。

文哥畢業之後，我又接了高一導師，一〇一在和平樓一樓。

高一上學期期末考，監考站得累了，我走到走廊上，望向教室裡。我看到文哥從左側樓梯走了上來，那一瞬間，很想轉身。我沒有移步，站在原地，看著他漸漸走向我。

「期末考考完啦！」我沒話找話講。

「回來學校走走嗎？」這句真的是廢話。

「要不要上去看看其他老師呢？」找別的老師還遇到我，真是狹路相逢。

文哥說，「我回來只想找妳，」聽到這句話，我眼眶就紅了。

「我要跟妳道歉……。」他提了以前對我的態度，鄭重地向我鞠躬。

我們有史以來第一次心平氣和的談話，談了好久，好久。

那一天，我的眼淚停不下來，心情很複雜。當年，我可以選擇對他發飆，讓他難堪，我沒有。畢業後，他可以選擇故作遺忘，卻回來向我道歉。

教育是門學問，也是藝術。

仙女悄悄話．

刺蝟是獨特物種，

保持距離，做好準備，等他靠近。

13

跟新世代溝通最重要的事

我有許多創業的朋友，他們面對新世代員工感到無奈與惶恐。在他們眼中，高中生比初出社會的新鮮人更難搞，更為叛逆。他們向我討教如何與年輕人溝通，能夠複製與轉移在職場上。

我請他們先建立世代差異的新思維：不是新世代難帶，是你施力錯誤帶不動他；不是新世代有問題，是你造成他很大的問題；不是新世代異於常人，是你異於他身邊的人；不是新世代聽不懂人話，是你不懂他的語言。

我問了他們三個問題。

「是不是經常八點在捷運站看到高中生才正要上學？」

「是不是覺得疑惑，家長不會催他趕緊出門嗎？」

「是不是感到奇怪，這麼晚到學校，不會被記過嗎？」

我的學生可以遲到，但要寫滿六百字稿紙。上課鐘聲即將響起，我的學生肯定拔腿快跑。我帶的班級幾乎沒有人遲到，因為沒有人想寫稿紙。我的學生一旦遲到，命運教他寫稿紙學著承擔。

為什麼他們選擇不遲到？因為我用三個步驟幫他們找到守時的動機。

一、**關鍵目標：**

基本規定，八點到學校。

做到了，立即享受成就感。沒做到，接受處罰，自行到導師室拿稿紙。

二、逆向操作：

新世代生活環境優渥，從來不缺物資。獎品沒有吸引力，他們比你捨得花錢。手機拿的是iPhone，球鞋穿的是Nike。不能扣錢罰錢，口頭告誡和校規不痛不癢。給榮譽，讓他們由衷為自己感到驕傲。給尊嚴，讓他們真心讚美自己的作為。對新世代來說，沒被處罰形同榮譽加身。

三、包裝獎賞：

「挫折」是化了妝的「祝福」。「苦難」是上帝化了妝的「禮物」。「稿紙」是老師用心良苦的「獎賞」。這獎賞培養學生書寫個人經驗的能力。高中生遲到寫稿紙這方法，放到其他行業也適用。保險業務員達不到業績，說一則故事跟同仁分享。文案一天寫不到五千字，抄心經一次迴向公司。服務業態度不佳，在店門口鞠躬九十度喊歡迎光臨。

這些處罰難度不高、易執行，又立基該領域的專業。**年輕世代重享樂，不願花私人時間與力氣接受處罰。知道自己不要什麼，反倒能引動把事情做到好的動機。**

習慣成自然，成了自己的主宰，這才是我們樂見的。

「讓他上台報告增加經驗值，他說有需要再學就好。」

「給他考前重點摘要，他說不想太累。」

「每週寫一篇心得養成寫作習慣，他說不想壓力太大。」

下回要是遇到類似的問題，可以試試我的方法引起動機。

同理互信，才是解方

以同理心看待世代差異是建立互信的關鍵。

然而，帶領新世代時，不該有下列三種「見縫插針」的心態。

一、**藉機挖苦**：沒交作業喔！這樣才會被當。

二、**厚此薄彼**：你喔！就是被其他不念書的人拖累了。

三、**事後諸葛**：早就跟你說閱讀很重要吧。

同理他才能建立信任。
引導他才能解決你的問題。
異於常人才能出奇制勝。
找到共通的語言才能聽話。

新世代領導力大師賽門．西奈克（Simon Sinek）的TED演講近四千萬人次觀看，是史上第三受歡迎。

「沒有任何數位解方能解決職場上千禧世代面臨的問題。人的問題，需要人的解方。」他這麼說。

我想，我找到方法了，**有溫度**的具體作法。

仙女悄悄話・

年齡差距不是問題，
同理對待沒有距離。

14 畢業旅行時的關心

曾經有學生說，「當老師超爽，畢旅免費吃，免費玩。」

一秒惱怒所有老師。

畢業旅行馬虎不得，任重道遠，放下家中小孩去顧別人小孩。誰跟誰同房？誰不跟誰同房？吃飯座次安排比鴻門宴還謹慎。弄得不好，小團體搞不定，還沒出門，白髮已經多了好多。

要注意學生團餐夠不夠吃？有沒有駐足危險的地方？晚上有沒有男男女女共處一室？夜間十點巡房，學生乖乖待在房裡，女生敷臉，男生打電動。十點之後，導師和教官輪流守著通道口，以防學生出房門，發生意外。

某所學校的學生在畢業旅行時跳樓，學生不以為意的任何越界都會挑起師長的不安。

己立立人，從關懷身邊的人開始

遊覽車上，我坐在第一排，學生引吭高歌。我打開筆電，與世隔絕，築道牆。我假裝不想參與，歌曲離我太遠。

昉恩坐到我的旁邊，「仙女我來陪你。」、「仙女，出來玩，就是要好好玩，不要再打電腦了。」、「你把筆電收起來，好嗎？我們來聊天。」

第一次，畢業旅行有學生坐在我身邊。我被照顧到了，甜甜的，喜孜孜。

畢旅季有其他高中跟我們同樣的行程，走到哪幾乎都會遇到。

一個視障的女孩子，拄著白手杖，媽媽亦步亦趨的跟著。身邊來來往往的學生很多，走得很快，母女的手拉得很緊。

什麼樣的孩子到了高中畢業旅行還需要家長陪同？什麼樣的孩子到了高中畢業旅行家長還無法放手？什麼樣的孩子到了高中畢業旅行，連老師和同學都無法幫忙？

上車唱歌，睡覺，聊天，打牌，累了睡，餓了吃。住宿、梳洗、更衣，生活無法自理，依賴母親。四天三夜的旅行，家長請假四天。

我想到平平安安：七歲，還無法獨立行走。未來國小畢旅、國中畢旅、高中畢旅，怎麼辦？

我看到那個媽媽，想到自己往後的命運。

想著，想著，眼淚就流下來了。

采玲站在我旁邊說：「仙女看到他們這樣，很感動嗎？」

我沒跟學生提過平平安安的狀況，采玲的聯想很正常。

小學時，平平安安每次校外教學，老師緊張，我們也緊張。

老師都會問，「家長會陪同嗎？」

我請了假，陪著一起去。

平平安安永遠走在班級最後面，好不容易走到定點，大家休息得差不多要走了。

午餐時間，大家拿出準備的點心，有說有笑的談天，安安不會表達，插不上話，就像個路人。她無法跟大家互動，剛開始的點頭微笑，時間一久，索性省了，只剩下「謝謝」和「再見」。

如何營造環境，關注到每一個人，讓人人都能在團體中自適自在？弱勢被支持，有能者捲袖子付出。

我的學生讓我發現我有這樣的能力，從他們關心導師那一刻起。

仙女悄悄話．

與分數無關的事，最能讓老師體會教學成就。

第三部

為母則強

1

平安長大是我唯一的心願

懷孕到肚子隆起，衣服穿起來臃腫，挑衣服變成困擾。我到四平街挑了傳統的孕婦裝，長到小腿肚，慵懶又沒有精神。

臺鐵如常的誤點。前一天我會跟小老師說，如果上課鐘響我還沒到教室，請他先小考，如果我來的話，就不用小考了，學生期望我每天都能準時到學校。

懷孕時常出血，狀況不好，拿了醫生證明在家裡休息，什麼事情也沒辦法做。打電話到學校請假，想到又要麻煩同事代課，心裡也充滿歉意。

星期六下午，在家裡側臥看著無腦的電視節目，笑著，突然聽到「刷」一聲，傾瀉而下的瀑布，羊水氾濫成災，透明的，夾帶來巨大的恐懼。

打了電話叫不到救護車，拿起浴巾，圍了下半身，到一樓叫計程車。到了醫院，進了急診，一陣手忙腳亂，直到無法安胎。無可奈何下，只能剖腹產，孩子就這樣出世了。

聽說孩子好小，是放在手掌心的巴掌仙子，跟我想像中圓滾滾的嬰兒很不一樣。二十八週早產的雙胞胎，體重只有八百多公克和九百多多公克。姊妹倆出生沒多久，體重又少了一百公克。

她們住在保溫箱裡，身上插滿了管子，一出生就發出病危通知，愁雲慘霧。那一天晚上，憂鬱寫在每個來探視的家人臉上。我沒去看孩子，因為不忍看。

先生經過醫院的祈禱室，他說：「這是我第一次這麼想要走進去。」**身處絕境，才知道信仰的無與倫比。**

護理師告訴我：「餵母奶可以增強免疫力。」

以前聽說有的產婦像母牛，那時候多希望自己能夠榮膺這樣的讚美。隔壁床的產婦沒了孩子，我們這個病房安靜得充滿哀戚。她拉起隔在我們中間的簾子，把擠了的母奶給了我，她退奶以後就要準備出院了。

我很想安慰她，她看著我，無聲勝有聲，新生兒的喜悅缺席了。

醫院要我們趕緊辦健保，因為保溫箱的費用很可觀。

孩子該取什麼名字？戲鬧的名字從名單中刪去。直覺希望孩子平平安安，真是天下父母心。

名字是父母給孩子的第一份禮物，這禮物無比的實際；為了實踐這份禮物，我的人生也因此翻轉。

小孩生在「這樣的」家庭，如何使她們平安幸福，才是我關注的。

仙女悄悄話．

走過苦難，才知道平安如此不容易。

2 掙扎

二月七日是父親的生日，我們全家約了中午在兄弟飯店慶生。

早上，我們跟平常一樣到加護病房幫平平安安做「袋鼠式護理」，也就是爸爸媽媽將寶寶抱到胸前，讓她們重溫在媽媽子宮裡被包覆的安全感，這樣能穩定心跳、呼吸速率，還能健健康康早日出院。藉由肌膚接觸，也讓父母感受到寶寶的溫度，對親子間都是很好的照顧。

能夠做的，能夠給的，從出生那刻從不吝嗇。

接近中午，醫生約了我們夫妻到診間說明平平安安的狀況：「周腦室白質軟化症」（Periventricular Leukomalacia, 簡稱 PVL）。

早產兒的腦組織，因為缺氧或血流量不足等因素，造成圍繞於側腦室周圍的大腦白質血液供應減少，導致組織壞死而形成一些臨床上的缺陷。體重小於一千五百公克的早產兒，比較容易發生這種併發症，發生率約為百分之二十。由於發生病變的位置都在側腦室兩旁的大腦白質，因此一般稱為周腦室白質軟化症。

PVL 造成腦性麻痺的機率很高，而「腦性麻痺」讓我想起了孫嘉梁，二十年前建中榜首，他資賦優異，但行動受限。

我問醫生，「孫嘉梁是腦性麻痺嗎？」

醫生的回覆是肯定的。當下我眼前一片漆黑，昏天黑地。我想起以往看過孫嘉梁艱辛成長歷程的報導，報紙大篇幅細述他求學之路的艱辛。

醫生推估平平只有傷到運動神經，安安腦部受傷的面積很大，狀況比平平更為嚴重，預後並不樂觀。

我接二連三問了好多的問題：「視力會受影響嗎？」、「聽力會受影響嗎？」醫生都給了我不確定的答案。

「認知會受影響嗎？」

「有可能會……」

我的眼淚一滴一滴的滴下來，再也無法保持鎮定。

在電視上看過的畫面，像跑馬燈一幕一幕跑了出來：在學校裡被一群調皮搗蛋的學生圍繞惡意捉弄；在職場上被欺凌了，還幫別人數錢；一個老媽媽在家裡幫已經成年的孩子擦著口水、鼻涕，撿著掉在地上的食物……。

醫生指了指X光片，口中出現許多不是我字庫裡的詞彙。「你們要有心裡準備，妹妹很有可能一輩子癱瘓。」

我想要找到答案，不停追問，「是不會走路只能坐在輪椅上嗎？」、「還是終生都只能躺在床上？」、「是連翻身都需要幫忙嗎？」、「一輩子都不會好嗎？」

我突然又想起了小時候看的連續劇，女主角的弟弟是智能障礙，叫做「康安」，不斷叫著「阿姐！阿姐」，手腳蜷曲，極為不便。

「如果狀況不好的話，你們想想看，有沒有可能拔掉妹妹的呼吸器……」醫生繼續說著，但內容我聽不清楚，**拔管遠比病危通知更讓人不知所措。**

難以決定

離開診間，想著要不要跟父親說醫生的提問，要不要在生日這天說呢？拖一天，隔天再說也是可以的。在糾結中，到了兄弟飯店。大家邊吃邊等我們，桌上還有幾顆特意留給我們的小點心。

父親問：「不是約了中午？怎麼遲到了？」

我止不住眼淚，斷斷續續的說，「醫生問……我們……要不要……拔管？」

這一餐飯，沒有人再動過筷子了

接連幾個晚上，我不知道自己是不是睡著過？我很怕遇到醫生，怕他問我們的決定，我們也做不出決定。

再遇到醫生時，他主動提出：「妹妹的生命現象很穩定，沒事的，就好好養吧……」

如果影響到認知，智力受損，孩子需要更多的教導，需要投注更多心力，一想到這裡，我又陷入無邊無際的深淵，不知如何是好。

仙女悄悄話

預想所有最壞的狀況，往後沒有發生，都算逆勢成長。

3

只要我長大

「一眠大一吋」？

出生時九百公克的平平和八百四十六公克的安安，在加護病房是鄰居。隔壁床給我母奶的產婦回家後，護理師建議我到嬰兒室看看有沒有熱心的媽媽願意給我母奶？

「這是什麼主意？」

「會有人給母奶嗎？」

即使存疑，我還是走到了嬰兒室外。

求而不得的母奶

嬰兒室外，熱熱鬧鬧，歡天喜地，認識的、不認識的人都掛著笑容，不時還能找到共通話題。這裡的氣氛跟新生兒加護病房的愁雲慘霧有著天壤之別，在加護病房裡落淚是常態，哭是無聲的語言，哪裡會想跟其他家長對話！

事實上，加護病房的探視時間如此短暫，眼裡除了孩子，也沒空注意其他人。我挑了個站得離人群很遠的媽媽，她看起來冷靜點、親切點。當我提了「要母奶」的需求，她不可置信的以為這是詐騙的新手法。

母奶是世界上最適合寶寶的營養品，再高價的粉奶也無法提供母奶的成分。但一般「正常人」很難體會把母奶當救命仙丹的心情，更何況素昧平生？

碰到了軟釘子，還是會痛……。

網路上有「母乳庫」的資訊，有愛心的媽媽捐出過多的母奶。我打電話過去，接電話的義工告訴我，「我們這裡也沒有母奶，你可能找朋友或認識的人幫忙比較快。」

資源，看得到，用不到。

我羨慕，其他人抱怨小孩子半夜吵著要喝奶——我連跟孩子在一起久一點都是苛求……。我更沒有辦法照顧孩子，插管、輸血皆是日常。

加護病房的每個保溫箱旁都有一本護理人員悉心準備的「早產兒生活日誌」，標題是「只要我長大」。**長大對這些孩子來說多麼的不容易。**

我站在保溫箱旁邊，很多想講的話化作淚水，不知道孩子能不能脫離險境？不知道孩子能不能平安長大？不知道孩子長大後有沒有能力看得懂？就算有這麼多的不確定，書寫記錄著生命。

過年時，拿了紅包貼在裡面，告訴平平安安，「這包是阿公、阿嬤給的」。爸爸貼了張貼紙，還有表哥畫的愛心，都貼在日誌上。

我不是很常寫生活日誌，拿起本子，眼淚就不禁掉下來，眼前一片模糊，陷在情緒之中，人生掉到低谷，只有更慘。

從過年前、過年，一直盼到元宵節，兩姊妹還在保溫箱。

出生八百四十六公克的安安，睡了二十一天，終於養到了九百二十六公克。九百公克的平平，遙遙領先，超越一千公克大關。

謝天謝地，諸方神佛保佑。

仙女悄悄話・

悲喜繞著孩子的成長打轉，從懷孕的那天開始。

4 憂喜交集回家路

平平安安在保溫箱時，日日期盼她們早日出院。

脫離危險期，移居嬰兒室，平平安安的同學變多了：一車車的嬰兒，比她們重一倍的嬰兒，圓滾滾的嬰兒，我們家這兩隻最瘦小。

平平將近一千九百公克時，護理師親切的要我們準備迎接孩子出院。平平的狀況很好，漸漸長了肉，看起來跟一般嬰兒沒有什麼不同。

「醫生說她腦麻應該是誤判，應該會有奇蹟。」每次恐懼時，我會這麼跟自己說。

安安還是乾癟癟的，護理師常常對她說，「安安同學你要喝奶喔！」用奶瓶餵她喝奶，少少的五十西西，十五分鐘還喝不完，狀況不佳。

平平好不容易養到二千二百公克，達到早產兒可以出院的標準。家裡奶瓶、尿布、嬰兒床、平安符，想得到的都準備好了。出院那一天，她戴著小帽子，我們隆重得像迎神般接她回家。

明天會比今天更好

平平回到家之後，我們仍舊每天到醫院探視安安。

安安喝奶時總是愛喝不喝的，讓大家傷透了腦筋，連馬斯洛的基本生理需求都無法滿足。餵食時間過久，這一餐又拖到下一餐也不是辦法，只好用鼻胃管灌食。

護理師鼓勵安安，「姊姊回家了，妹妹要加油，也要回家囉！」

安安會不會走路？認知如何？在那時候，我們只希望安安可以學會喝奶。

隨著安安快要達到二千二百公克，我卻開始擔心醫生要我們接她回家。

「安安就要回家了，怎麼辦？」我夜裡想到都會被嚇醒。

安安喝奶的狀態沒改善，鼻胃管繼續掛著。

體重達到二千二百公克那天，醫生沒讓我們帶安安回家。

大家都認識安安，都會對著安安說，「要準備回家囉，要喝奶囉！」就像是打預防針，終究要面對安安要回家的現實，即使插著鼻胃管。

體重上升到二千三百公克，醫生說安安還可以留在醫院，我們鬆了口氣。

二千四百公克，醫生說安安還可以繼續留在醫院，我們感激涕零。

安安的體重上升到二千五百公克時，醫生說她畢業了，他已經多幫我們養了三百公克。

出院前，醫生要我們到藥局買聽診器、鼻胃管，要教我們怎麼插鼻胃管。萬一安安扯掉鼻胃管，我們居家就能插管。

「媽媽要學？還是爸爸要學？」

媽媽舉白旗，爸爸擔負起這個重責大任。

把鼻胃管插進鼻子裡，再用聽診器聽，確定管子有沒有插對位置，這對一般人來說，實在困難得難以想像。

我著急的問醫生：「安安什麼時候能夠自己喝奶呢？」

「你們多餵幾次，讓她吸吮，她就有辦法學會喝奶。」、「多用奶瓶餵奶，就有機會早點擺脫鼻胃管。」

回到家之後，發現安安聲音很小，半夜只聽得到平平的哭聲。靠近點看，才知道安安也在哭，夜深了，蚊子嗡嗡比安安還大聲。那是因為出生一週時做了心臟閉鎖手術，傷到了聲帶。

「她聲音也沒多小啊！你看你們都還聽得到。」

「長大了，多練習，聲音或許就會大聲一點了。」

即使醫生給的都是不確定的答案，這樣的話語還是有安定的力量。

「現在是黃金期，把握這時間早療，孩子就會進步。」

「早點去復健，很多孩子是因為家長努力就會走路的。」

醫生和護理師的話正面而積極，字字珠璣，縈繞在耳。

無力回天時，跟自己說還有機會；焦慮喪志時，想方設法突破瓶頸。

「成長型思維」是醫護人員送給家屬最棒的禮物。

帶著插著鼻胃管的安安回家，欣喜和擔憂，都有。

仙女悄悄話

成長型思維是行動電源，讓愛不斷電。

5 醫生的話點醒了我

出院後，孩子住在保溫箱，我回家做月子。沒有上網，減少流淚，保護好眼睛。只洗澡，不洗頭，避免引發頭痛。穿得暖和和的，忌吃冰冷食物。能信的，不能信的，我全信了。務必把身體狀態調養到最好，孩子出院後的照料和復健是長期抗戰。中日軍力懸殊的八年抗戰，暗潮洶湧，勝仗不多，我會經歷幾個八年抗戰呢？有可能獲得勝利嗎？

我不敢去看孩子，怕會一直哭，很傷眼，**「有快樂的媽媽才有快樂的孩子」**，**「我要先把自己照顧好」**，我總是這麼跟自己說。先生每天會去看孩子，形容給我聽，皮膚很薄，血管清晰可見，孩子睜開眼睛，又睡著了。加護病房護理師說了什麼，醫生交代什麼。當天沒有收到病危通知，高興一下，又不知所措起來，日子過得很不像樣。

徬徨無依到下定決心

然而，我還是去了醫院，全副武裝，戴上帽子，圍巾圍住口鼻，露出一雙眼睛。護理師耐心的教我擠母奶，咬牙忍痛，身體上的劇痛比不上日日心頭的翻絞。

擠母奶最能轉移我的注意力，我很勤奮。婆婆也很拚，燉鮮魚湯、花生豬腳湯、黑麥汁，能發奶的、能喝的，我們都試過；我甚至拿熱敷袋放在胸前，燙得一片通紅，奶量卻不見增加。一百西西，裝到母乳專用保鮮袋，一整天的量只有小小三、四包，花了我好多力氣，很受挫，連最基本的都給不了孩子。

大家吃過「茴香」嗎？味道極為濃郁，我媽聽說茴香可以發奶，炒給我吃，即使吃得頭皮發麻，為了奶水充足，還是吃了，但效果很有限。這輩子不必再為母奶煩惱之後，我再也沒有見過這道菜。

小孩提早出世，心上壓著一顆大石頭，挪不開。未來不可知，人生茫然，從此永夜，再無白晝。不寒而慄，錐心刺骨。原來人生走到絕境是如此的晦暗與無助，再無可喜之事。

同事的禮金一包包送來，雪中送炭的祝福本是好意。但孩子在保溫箱狀況不定，還得煩惱要不要送彌月禮？我根本沒有心情挑選，這時候一點都不想分神想這些事，卻又不得不想。

店家聽到孩子滿月，櫃台小姐笑容可掬，受過專業訓練的問小寶寶出生多重？我聽到關鍵字就想掉眼淚，強顏歡笑，心裡酸澀無比。小姐興沖沖的建議可以放小寶寶照片在禮盒上，我曾經有好幾秒鐘的時間認真考慮是不是要放保溫箱的照片，實在揪心。後來，我們以雞腿油飯和蛋糕禮盒慶祝平平安安滿月。

「**怎麼樣可以讓孩子更好？**」我經常思考這個問題。盤點我們家的狀況，我還要上班，月收入和積蓄是無法長期照顧這樣的孩子；但其他的資源，我也沒有。

我想到遠渡重洋來臺灣的神父盡心盡力為臺灣弱勢族群奉獻犧牲，感覺自己看到了希望。新聞上、電影中，外國人願意收養身心障礙的孩子，即使是重度殘缺，養父母依然疼愛有加。「如果能對孩子好，一定要把她們送出去，尤其是安安。」

在我要將孩子送出國的念頭愈來愈肯定之際，另一種畫面也頻繁出現，老媽媽在晚年很想念孩子，魂牽夢縈，後悔在孩子幼時不得已送給別人撫養，只能看著照片思念孩子，日日夜夜盼著重逢，終生不得相見，懊悔一世。又或者，好不容易數十年後相見，因為語言不通，長期缺乏情感維繫而相顧無言。這樣，太痛。

送滿月禮盒給婦產科醫師時，跟醫師聊了孩子的近況，我問：「如果把孩子送到國外是不是比較好呢？」

「**如果你都不想養，誰要養？**」因為這句話，孩子一直在我們身邊。

仙女悄悄話・

醫生不只醫人，更醫心。正如同老師不只教書，更教人。

6 生命的厚度

安安在醫院養到二千五百公克，終於可以回家了。

安安鼻子裝了條鼻胃管，兩眼無辜，乾癟瘦小，聲音細微。抱著她，淚腺變得很發達，很好哭。

「為什麼會有小嬰兒不會喝奶？」

「為什麼會戴著鼻胃管？」

「什麼時候可以擺脫鼻胃管？」

安安看起來不是個「正常的」的小孩，她讓全家人繃緊了神經。

我的耳邊一直出現醫生說過的話，「她會一輩子癱瘓。」

二〇〇四年的冬天很冷，陰雨綿綿，感覺雨從未停過。

陰雨中的陽光

我每天的生活就是餵奶，餵奶，繼續餵奶。

「難道要這樣戴著鼻胃管一輩子嗎？」

三小時餵一次奶，安安吸了幾口，就不吸了。持續嘗試把奶嘴靠近她，希望她能吸幾口也好，她不高興的時候，頭會往後仰，不想喝奶。

母女倆僵持了半小時，我想起護理師說，「多餵幾次，她就會自己喝奶了。」我跟自己說再試一下吧！又多餵了五分鐘。再試一次好了，再多餵十分鐘，才不得已拿出針筒，把奶倒進鼻胃管裡，一分鐘不到，奶就餵光光了。看看時間，餵個奶，花了將近一個鐘頭。

這時候，覺得人生好辛苦，好無奈，不知道要這樣餵多少年？

下一餐，又是這樣的循環。

我看到奶瓶會害怕，手會不自覺顫抖，安安很輕，抱起來不重，奶瓶卻讓心很沉，很沉。

我常會想到社會新聞中走投無路的父母，這時必須阻止自己想下去。我很怕自己一直處於低迷的狀態，偏偏我時時刻刻都看不到未來。

每一天都好希望安安可以自己喝奶，直到夜晚，希望幻滅。

我代課期間的學生憲兵打電話給我，他問我，「老師，你好不好？」

我們約在星巴克前面碰面。他拿親手做的禮物送給我，還有媽媽做的桑葚醋。

這就是雪中送炭吧。

中正紀念堂，陽光普照，並不是我以為的陰雨綿綿。

安安帶來的禮物

下班時刻，情緒緊繃。內壢回臺北的車廂特別擁擠，搶不到座位，一路站回臺北。以往我總愛走進火車站前的新光三越，吹著冷氣，試穿當季高跟鞋，手提購物袋滿足離開。此時，街頭霓虹閃爍，都與我無關，我只想趕快回家。匆匆的從火車站穿過人群到公保大樓搭公車。

回家看到久違八小時的平平安安，心才安了下來，但一看到安安臉上因為透氣膠帶貼得過久而紅腫，心疼不已。膠帶貼久了，透氣也不透氣了。我幫她改貼在鼻梁，左臉，右臉，貼在哪都會紅，都會脫皮，都會心疼。

一個不留神，鼻胃管被安安扯下來，我們就得跑急診，不得休息。出院前，醫生教過在家如何插鼻胃管，但我們怕傷了孩子，不敢，也不想。

我們開車去急診，停車，掛號，等候，裝鼻胃管，批價，感謝醫生。小嬰兒到公眾場所又怕感染，矛盾糾結，提心吊膽。

每一天都是壓力，我覺得自己生病了。有人跟我說話，我不是很清楚他們在說什麼。我沒有辦法很專注的聽，彷彿行屍走肉。我笑得很奇怪，皮笑肉不笑。身邊的人也能聞到絕望的味道！

走在路上看到推著嬰兒車的媽媽，小嬰兒咯咯笑，我很羨慕。打從心裡羨慕別人家的幸運，為什麼我沒有？

坐著就會想掉眼淚，為什麼我的孩子「不正常」？我能做的就是按時餵奶，給孩子多點練習喝奶的機會。

如果戴著鼻胃管出院是份禮物，那就是安安教我要面對挑戰：就算只有些微的希望都要嘗試，都不要輕言放棄。

仙女悄悄話・

不放棄才有可能看到夢想中的天堂。

7 針在兒身，痛在娘心

平平安安嬰兒期，就得到大大小小醫療院所做各式各樣的治療。
看著兩、三歲可以講話的孩子，我就會問家長，「做過哪些治療？」
看著五、六歲可以走路的孩子，我也會問家長，「做過哪些治療？」

在復健科，以前以為小孩會隨著年紀增長而自然具備的能力，全都成了父母們最簡單而卑微的期待。

猶豫和忐忑

很多家長建議我針灸效果不錯，而且小孩年紀小帶去會比較好。反正小孩就是會哭，要哭就讓她哭，哭完了回家更好睡。

但我想到要在嬰兒身上扎針，手上扎針，腳上扎針就覺得於心不忍。更何況，還要在頭上扎針，臉上扎針。雖然知道有這樣的療法，心裡卻很猶豫。

我們上網查詢針灸對於腦痲的治療效果，答案多是「有用的」、「可行的」、「有幫助的」……可是，當媽媽的實在鼓不起勇氣，擔心萬一怎麼了，變得更糟怎麼辦？

網路新聞寫著，「許多病童原本是爸媽抱著來，治療兩三年可以自己走路……」光想到這樣的畫面，就覺得一定要試，家人也沒有人捨得帶平安針灸。如果知道了一個好的方法，也有了成功的案例，如果沒有帶去，是不是也是一種遺憾呢？

人多的地方才要去，希望就在那裡。

該找哪一位醫生呢？有人跟我說南部有神醫，快要八十歲，年紀很大，身體很硬朗，給他看過的患者，不管大人或是小孩都會進步，「**都**」這個字很吸引人，代表著百分之百的成功機率。類似這樣的推薦很多，我期待每一個都是真的。

自費看診，不知道有沒有效？效果如何？

到底要花多少錢，不知道這樣的小孩什麼時候會好？

經濟考量下，該帶平平還是安安去呢？平平沒這麼嚴重，安安沒什麼反應。帶平平去，可能會好得快一點，帶安安去，會不會都在做白工？

安安狀態不好，插著鼻胃管，不肯自己喝奶，有時候在家還得使用呼吸器，幾經評估，我們決定先帶安安去。

醫者父母心

第一次帶安安去針灸。醫生說，「小孩太小，等長大了再來。」

我拜託醫生，難得帶孩子出趟門不容易，是不是能夠給孩子一次機會。

醫生同理的點點頭，「媽媽會心疼喔……」

我抱著安安，護理師幫忙讓安安不要亂動，每一針都是救命的針。扎了二、三十針，就在診間外面等，不讓安安亂動，免得針掉了。

三十分鐘後，拔針。忘了說，每扎一針，安安扭動得厲害，哭得也厲害。

中午先把安安帶回婆婆家，我回頭去學校。

下班後，婆婆說，「**幫安安洗澡，她的左手會自己舉起來。**」

安安原本無法高舉的左手，針灸之後，竟然可以抬高，根本神蹟！我們全家那天像中了頭彩，感覺很不真實，安安像鍍了金身。

第二次針灸，醫師知道「安安舉手」，和藹的鼓勵我們要繼續加油，要持續復健，不要放棄。就這樣，一週兩次，每次自費，都是一筆可觀的費用。

安安狀況時有進步，我想跟醫師說說平平的狀況。每去一次，就想說一次，但沒開口，又回家了。

有一次，安安十分順利的在醫師和護理師通力合作下平和地完成扎針，醫生趁空檔時間問我，「姊姊狀況很好嗎？」

我跟醫生說，「姊姊也是腦麻……」

他大概看出我的難處。他說，「別擔心，你下次就把姊姊一起帶過來。」

平平安安同時進了診間，醫生先幫安安針灸。輪到平平時，他拿了張A4紙，寫下日期、扎針部位，交給我，「這就當作病歷，以後看診記得帶這張來。批價就繳妹妹的費用就好。」

「醫者父母心」，大概是這個意思吧。

兩年多來風雨無阻，A4紙摺了又摺，摺痕上滿是歲月的痕跡，寫了一張又一張，醫師和護理師始終如一的「視病猶親」。

每當看到平平安安行動的步伐，我總會想起帶我們家走出幽谷的好醫師。

仙女悄悄話・

恐懼比你想像得嚇人，

希望超乎想像得迷人。

8

馬場帶來希望

前方出現曙光

我時不時會想到安安不會走路的畫面。安安一輩子都需要倚賴推車？怎麼讓安安的狀態進步得更多？安安整體的發展落後平平許多，萬一有一天我們不在世上了，安安怎麼辦呢？不能也不想讓安安成為平平的負擔。

這些都像是噩夢，想到這些都會不寒而慄，惶惶終日。

我在網路上搜尋到騎馬對腦性麻痺有幫助。「馬術復健可以培養腦性麻痺兒童的平衡感、肌肉刺激及統合協調性。例如在騎馬時，身體必須保持直立的狀態，這可以訓練腦性麻痺兒童最欠缺的背肌力，而在馬上轉身、彎腰的動作，則能夠訓練他們的平衡感及增加關節的活動度。」這些內容又開啟我對物理治療新的期待，燃起了希望。

哪裡有馬場呢？哪裡有專為復健設立的馬場呢？我們負擔得起費用嗎？

在臺灣，馬術是貴族運動。我打了電話到馬術俱樂部詢問，他們採會員制，所費不貲。那一年，我留職停薪，

就在我為費用煩惱的時候，我在網路上找到中壢「希望馬場」，提供身心障礙人士復健。電話聯繫後，他們邀請我們過去體驗，也讓孩子熟悉環境。平平對於環境的適應比安安好，靜靜的坐著。安安很怕，會哭鬧，需要轉移她的注意力。教練給了她們紅蘿蔔，我們抱著她們餵馬，跟馬親近，馬很高，即使抱著還是可以感覺到安安的抗拒，身體的張力讓她非常緊繃。

找到了馬場，一則以喜，一則以憂，糾結的情緒又上來了。喜的是，臺灣竟然

有為復健而存在的馬場；憂的是，離臺北太遠。你一定會覺得中壢離臺北很近，花不了多少時間。可是平平安安才兩歲，平日還有其他治療，不能因為治療而犧牲了孩子休息時間，沒有休息就長不大，免疫力會下降。外縣市就得耗費多一兩小時，怎麼辦呢？

另一方面，每週在醫院物理治療，我看到有個腦麻的小女生佳容，能夠獨立行走，雖然慢，短距離不需要媽媽扶，我看著佳容，想像平平安安會走路的樣子。佳容媽媽說，「騎馬讓孩子進步很多。」一聽到「騎馬」這個關鍵詞，我的眼睛又亮了，曙光降臨。

「蘆洲馬場」是私人馬場，不對外開放。當初佳容媽媽看到那裡有馬，鼓起勇氣詢問馬場主人李順良先生，李先生不是很了解騎馬對於腦麻孩子有什麼益處，但願意幫助她們。我拜託她幫我約馬場主人，希望平平安安也能就近在臺北復健。

約了時間，到了馬場。看到馬，我的信心又來了。馬匹的步伐激勵著我，我想像平平安安坐在馬上，平常因為張力沒有使用到的肢體得以舒展。

李先生很意外除了佳容之外，還有其他孩子也有這樣的需求，怎麼計費？療程時間怎麼計算？如何評估成效都需要再斟酌。

而我很想一試，總得試過，才知道下一步還可以怎麼做。

馬術復健，有希望就不苦

我們成了馬場第二個復健家庭，每週兩次，週三和週六。車停在停車場，阿公和我帶平平和安安復健，一起走到馬場，一般人走五分鐘的路，抱著孩子多了一倍的時間，怎麼不推車呢？泥土地上推車不是很方便。下雨天更傷神，打了傘，抱著小孩，走在泥濘裡，滿滿的期待讓辛苦不再辛苦。

每當有人聽到我們去騎馬，好是羨慕，集休閒、娛樂與復健於一身，我的心態倒沒有這麼悠哉，復健就是復健，沒有時尚的包裝。雖然這些馬匹都已被馴服，安全仍然很重要。小心翼翼的讓孩子佩戴頭盔，檢查鞍具、籠頭和繩扣，聽從教練的指示，避免馬因驚嚇狂奔的意外發生。

平平安安坐在馬背上，隨著馬的步態，身體會保持直立，不再駝背，訓練背肌力。在馬上練習轉身與彎腰，則能夠訓練她們的平衡感，以及增加關節的活動度，好處多多。騎一次馬非常的不容易，除了孩子配合度要高，不哭不鬧之外，還需要多名人力配合，教練牽著馬走在前頭，馬的一側是我，另一側是另一名教練。一個孩子復健半小時，兩個孩子一小時，大太陽下行走，溼透了衣服，雨天則改在狹小的室內，除了颱風天之外，風雨無阻。

生活被復健塞滿，累歸累，心裡還是踏實的，孩子一點點的改變都是因為我們夠努力、夠認真。有時候問平平騎馬好不好玩？她點點頭，我當天就能睡得特別好。有時候，安安聽懂我講的一句話，我就自己歸功

▲ 騎馬的安安。

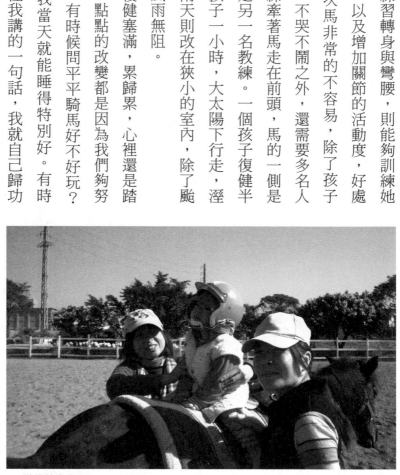

於那一天的復健。

後來，愈來愈多的家長帶孩子來「蘆洲馬場」馬術治療，馬場多了幾名教練，也有了物理治療師，還有志工陪同孩子，讓家長得以稍稍喘息，不用陪同行走。這裡就像大家庭，邊騎馬治療，還有人能同理閒聊，也辦過幾次聚會，到了這裡很放鬆，大人和小孩的身心都得以被安頓。

平平安安兩歲多開始馬術治療，前後長達五年。平平從無法行走到能夠徐步前行，安安能夠推著助行器往前衝，很感謝李順良先生為我們開了一扇窗，現在得以望見窗外美麗的景緻。

仙女悄悄話

開口尋求協助，有可能一事無成。

不願意開口，連成功的機會都沒有。

9

愛的教育，有教無類

平平安安四歲。平平的認知已經跟一般孩子沒有太大差別，她聽得懂大人說的話，會用點頭搖頭表示，也有口語能力。平平正要學走路，三兩步搖搖晃晃，一個踉蹌跌倒在地，除了復健和門診之外，我們多數時間是窩在家裡的，帶兩個行動不方便的孩子到哪都不方便。

安安在行動上，無法站立，只能在地上爬行，爬得很慢很慢。有些微口語，不過我們常聽不懂她說什麼。即使脫離了鼻胃管，餵食還是很大的問題，一餐一小時，看著餵不完的食物，餵著餵著除了嘆氣，碗裡還多了鹹鹹的滋味。我夜裡難以成眠，生活太多需要操煩的「小事」。

家庭生活就像有份課表：餵飯，抱小孩，拉筋，腳底按摩，手部精細動作，教認知牌卡，所有的遊戲都不好玩，為了教而教，為了復健而設計，教得很沒成就感，很不想教，即使日復一日，不知道未來在哪，還是很認真的繼續教。

我在學校的教學也是一團亂，秩序管不好，即使認真備了課，有些學生也不想聽。學生書不念，地不掃，上學遲到，上課尿尿，抓蹺課，抓抽煙，千奇百怪應有盡有。在學校吼學生，耗電量兇，傍晚回到家不得閒，殘存的體力餵著飯，還會不小心打了盹，瞬間驚醒，安安的飯還含在嘴裡，連咬都沒咬。

日子過到會害怕，常常覺得生活陰沉沉的，好多事都使不上力。孩子和工作無論怎麼投入，投資報酬率都很低，情緒盪到谷底。

教育者的態度讓我寒心

治療師建議讓平平安安上幼稚園，可以跟著同年紀的孩子學習說話，能提升語言能力。這樣一來，也能緩解大人的壓力，減少照顧孩子的心理負擔。

這又讓我起了另一個擔心，誰會像我們一樣把「這樣的」孩子當寶？

我打了電話到離家近的公立幼稚園，「請問收腦麻的小孩嗎？」

不同時間打，不同人接電話，都告訴我一樣的答案：「不收。」這讓我想到了「霸凌」，連學校都不肯給「這樣的」孩子機會。**身為公立學校老師的我深知學校理應保障任何一位孩子的受教權，不得拒絕**，我對於這樣的學校感到不齒。

我哭了好幾天，人為的拒收，這就是「教育」？

我寫了信到市長信箱，想了解像平平安安這樣既非重症，狀況卻也不算太好的身心障礙孩童，能安置在哪一所標榜融合教育的幼稚園。

隔天，我意外的接到了這所幼稚園園長的來電，語氣和緩，極為誠懇的邀請我們過去參觀。**我表明了學校前後不一的態度讓家長無法信任，在一九九九面前展現的愛心噁心得讓人想吐。**園長後來索性低聲下氣的求我去參觀，我想是為了結案吧。我去了，園長裝熟、裝熱情的介紹園裡設施，哪裡哪裡適合孩子，口口聲聲的「孩子」，我聽了頭皮發麻，想到形容人態度勢利的成語，「前倨後恭」，先前傲慢無禮，後來謙卑恭敬，過份矯情。

我們沒有選擇這所幼稚園，這裡的態度令人不敢恭維。學校要讓家長知難而退的方法很簡單，透露出「負面的」訊息即刻有效。

「我們老師不方便……」

「我們學校沒有交通車……」

「我們學校沒有無障礙空間……」

「我們學校的學制跟別的學校不同……」

孩子雖然有缺陷，在我們心裡還是這麼的可愛，我們把孩子當寶，怎麼捨得送到這樣的學校呢？

後來平平安安越區就讀，到士林的「孩子國」上學。

郭怡如園長第一句話就讓我眼淚流個不停，「媽媽，你不要擔心……」

很感謝園長夫妻對孩子們的接納與關懷，這才是「教育」。

仙女悄悄話・

教育，不是你怎麼說，而是你怎麼做。

10 孩子需要的是時間

跟神老師一起直播前，我問她的問題是：「你怎麼知道孩子學不會？」神老師回答說：「我把妹妹叫到面前，我看著她寫字，沒有外力干擾，心無旁騖，她還是不會寫，我就知道她真的不會。」

我在教安安的過程中也有這樣的體會，接受她「學不會」的事實。就拿學串珠來說，串珠練習手眼協調：右手拿著一條線，把左手的珠子穿到線裡串成項鍊。光是把珠子的孔對著線頭就要花掉好幾分鐘，好不容易對準，左手不聽使喚，線一碰到珠子，珠子掉到地上，就得重來。安安改成右手拿著珠子，左手拿線，同樣的問題再度發生。

線怎樣也對不上珠子的孔，我在旁邊說，「還差一點點，」但線和珠子始終無法靠近。

「這孩子未來怎麼辦？」

「至少基本的手功能要有啊！一定要多練習。」

我總覺得她學得會，花了很多的時間陪她練習

覺得學得會，有期待，看到功敗垂成，就會失望。覺得下一次會成功，換了方法，還是失敗。我想著孩子需要鼓勵，但即使再誇張的讚美，換來的還是不斷的失望。

我覺得需要鼓勵的是我自己，流著眼淚不知道還有什麼方法。但是，我從不輕言放棄，就像打不死的蟑螂，只要有力氣就再試一次。

或許這就是先天的肢體障礙吧！我只能寄望小幅度的進步。

安安小學一年級，學寫ABC，這麼簡單的字母。我教她寫A的第一筆斜線，她一筆劃的寫下來，出現的就是一道直線。

「**有這麼難嗎？**」我不了解這一筆對她來說有多難。

我示範了一筆劃，讓她跟著畫，她仍舊畫成一條直線。我抓著她的手，讓她感受斜線怎麼畫，放手讓她自己畫，仍舊畫成一條直線。

「不就是一條斜線而已，怎麼可能畫不出來……」我吼著，漸漸失去了耐性。

看著時鐘，教了一個小時，一事無成，時間帶來的壓力好像緊箍咒。

如果連一條斜線都不會畫，這個A肯定學不會了……學寫字的紙一張張的畫滿，每一條都是直線。

「怎麼可能學不會？」

「一定是方法不對，我們再試一次。」所有寫A的方法都試過上百次了，還是寫不出來。

「只要畫好一條斜線，我們就休息。」那四個小時，我們幾乎沒有休息。

安安接受我的咆哮，我把所有教不會的情緒發洩在她身上。還不是很會表達的她只是重複不斷說著：「媽媽你不要生氣」、「媽媽我快學會了」。

我想起了我的學生，數學很好的，國文很弱，我能包容他們國文學不好，讓他們發揮優勢。或許，我從來沒有想過安安真的學不會，讓她無止盡的陷入學習的恐懼中。

那四小時的奮戰，那一條斜線，我才終於接受安安是真的學不會。**要承認孩子不會，對媽媽而言，是一件比自己不會還要難受的事……**

安安就跟我的學生一樣，需要時間。

仙女悄悄話・

現在不會，不代表以後做不到，滴水穿石需要時間。

11 安安的眼淚

國中畢業歡送會，楊其誠老師一共做了十一支影片。八位學生每位學生一支，另外三支是全班合輯，肯定花了老師許多時間。

影片播放時，我悄悄望著安安，她眼睛盯著螢幕，擦擦眼淚，感覺得出她有些緊張。口語表達能力有限的小聞直覺的問老師：「為什麼安安要哭？」

畢業典禮結束，安安分別送給其誠老師和阿寶老師，助理員曾媽和鄭媽各一張卡片，希望大家記得她。在教室裡依依不捨地跟阿寶老師話別，老師送我們到電梯口，電梯門一關，原本七嘴八舌的安安，放聲大哭。回家路上，我聽她說著心裡的眷戀。

晚上睡覺前，她說：「媽媽，我真的好捨不得老師和曾媽和鄭媽喔！」她邊哭，邊流鼻涕，擤鼻涕，痛哭失聲。

改變的力量

國小不愉快的學習經驗，讓我意識到，如果孩子程度跟不上同學還勉強留在普通班，實在過於辛苦。再者，同儕間的相處也讓安安很不自在，她常說班上還有另一位同學被欺負得更慘。

升國中的安置會議，我斬釘截鐵的跟委員說：「**我自己是老師，看著許多身心障礙孩子在課堂上聽不懂，被漠視，我們選擇念特教班，簡易的教學內容符合孩子的需求，讓孩子慢慢學習。**」沒說出口的，還有被霸凌的事實與無盡的擔憂。

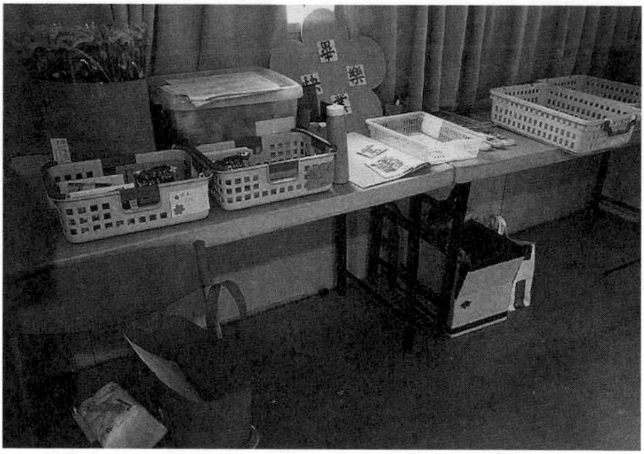

▲ 老師為孩子們親手製作的表演道具和禮物。

芳和國中三年，我們全家的日子突然變得很好過，好過到我幾乎以為安安跟一般孩子沒有兩樣。

其中一項重大的改變，是安安主動要求要綁gaiter（副木）。腦性麻痺造成安安下肢長期彎曲，為了延長拉筋效果跟時間，需要用gaiter綁住腿，也就是用布包覆住的鐵條和魔鬼氈將她的腳拉直，這會讓她極度不舒服。從幼稚園起，我先開電視讓她看卡通轉移注意力，再壓下她張力過高的膝蓋，我的安撫，她的嘶吼，讓每次綁gaiter都像赤手空拳，近身搏鬥，氣喘如牛。

上了國中之後，老師們的愛讓安安的學習趨向主動，喜歡上學，不再遲到，竟然擴及綁gaiter。

「阿寶老師說，明天要校外教學，我要綁gaiter，明天腳才有力氣。」

「曾媽說綁gaiter，我才能走得比較久。」

即使不是校外教學，安安也會提醒我，要幫她綁gaiter。從以往媽媽催促到變成提醒媽媽，老師的功勞最大。

課業方面，造句很花安安腦力，她得想個老半天才能造出一般人輕易完成的句子。國一時，其誠老師給她一本A5大小的筆記本，要求她寫日記，篇幅短小，我們稱它為「小日記」。安安程度不好，寫不了多少，也不想寫，拖拖拉拉的，反覆問我：「到底要寫什麼？」

一個晚上下來，就只能寫上單一事件和心情，例如：「今天上學，我覺得很開心」。我教得很心酸。

國二換阿寶老師接手，安安繼續寫著「小日記」。到了國三，安安已經能夠寫到紙張八分滿，為什麼不寫滿呢？

「我要畫插畫，還要留位置給阿寶老師寫字回我。」

安安的突飛猛進得力於老師每天認真批閱與回覆。

就連課堂的互動也成了餐桌上的話題，班級趣事講個不停：楊老師問我們，「香港歌神是張學友，臺灣歌神是誰？」楊老師跟我們說是「瑞友」。楊老師每天早上帶著松儒跟柏偉在走廊上練習跳繩。阿寶老師一邊顧坤諺，一邊訓練我跟于涵趴在登階上套圈圈，我時不時喊好累。小時候四處帶著安安治療，擔心她不會說話，現在覺得她話好多，好吵，哈哈。

安安開始有責任感，長記性了。一回到家，她會先交代我明天要繳交的回條記得簽名，就乖乖的坐到書桌前寫功課，功課完成，整理隔天要帶去學校的物品。「媽媽，明天職業課要帶保鮮盒。」她到廚房櫃子裡拿保鮮盒，放進便當袋。「媽媽，我要帶衣服去學校換，不然流汗好臭喔。」每天八點四十分前的運動時間，安安在走廊跟同學們一起運動復健半小時。

上學途中，她拿出書包裡的聯絡簿給我簽名。「媽媽，你幫我簽聯絡簿了嗎？」「媽媽，你手機給我，我要傳訊息給鄭媽，跟她說今天放學不坐交通車。」

每天陪安安上學，走到電梯前面，看著拿出電梯卡，搭電梯，進教室，學校就是另一個家。我轉身離開，無後顧之憂，安心上班，照顧別人的小孩。

兩天一夜的畢業旅行，雙導師帶著八個家庭造訪宜蘭頭城農場。安安能走，平常輪椅放在學校，老師還特別幫她帶了輪椅遠行。

農場有個斜坡，原本老師打算推輪椅帶安安上去。我跟老師說，讓安安自己走就好，推輪椅太費力，大人太辛苦。老師說上學期班遊到頭城農場，安安走不動時，就是推著輪椅帶安安上去的。**我衷心佩服老師不想忽略每一個孩子，無微不**

至。就連我牽著安安在斜坡上走，她因為害怕跌倒，施力不均，會過度拉扯我的手，兩位老師貼心的陸續跟我換手牽安安。

旅程中，老師幫我們八個家庭拍了許多照片，捕捉我們無暇他顧的忙亂時刻，把我們的孩子當成自己的孩子，好幾次我的眼眶滿是淚水。

特教班的優勢

兩位導師，楊其諴老師與蕭秋寶老師滿腔熱忱和無比耐心，照顧障別不同，程度不同的八名學生，**老師跟我們站在同一陣線，是我們最強大的後援**。特教是專業，無庸置疑。

選擇特教班的十個好處：

一、**安全無虞：安安移行，都有助理員隨行。我不用再提心吊膽。**

二、**校外教學，不用再被詢問要不要一同前往，老師們一肩扛起。**

三、**放學後說學校裡的趣事，取代以往氣憤的說同學怎麼欺負她。**

四、專業師資，遇到突發狀況，老師能處理，不用事事請示家長。

五、適性揚才，培養孩子不同興趣，尋覓與深化優勢和強項。

六、因材施教，不用再寫一句句看不懂的內容，實用導向。

七、班級人數少，老師可以照顧到每個孩子，每個孩子都是寶。

八、老師成為家庭的支持系統，家長不再感到孤單無助。

九、孩子學習容易得到成就感，增加勇氣，也增添自信。

十、親師生感情融洽，班級就像世外桃源，人間樂土。

我能體會為什麼電梯門一關，安安會放聲大哭，她知道這一群師長是真心疼愛她的。回想起畢業旅行時，好幾個家長打趣的問老師，「孩子是否可以延畢？」好日子，過得太快。非常感謝三年來老師們悉心的照顧。

仙女悄悄話‧

好老師是上天送給弱勢孩子最棒的禮物。

12 你也可以成為弱勢者的支柱

一〇八年四月十三日週六是安安的大日子，特教學生升高中職的考試，相當於一般國中生會考的重大考試。

考場距離我們家五分鐘車程，上午結束紙筆測驗，我跟安安十點半悠哉的回家，吃午餐，睡午覺。下午回到陪考休息室，準備下午的實作測驗。

經過隔離考場的紅龍柱，有一位焦慮的阿嬤從頭到尾不斷重複用臺語說。

「到現在都還沒吃午餐！」

「到現在都還沒吃午餐！」

「到現在都還沒吃午餐！」

「十一點二十五分進去考場到現在還沒吃午餐。」我看了看手錶，下午一點半。

阿嬤一股腦地把所有的話說完：「十一點二十五分，考生就被監考老師們帶到考場考試，預計三十到四十分鐘考試結束，到現在我孫子還沒出來，不知道到底發生什麼事情了？」阿嬤愈說愈緊張。

安安在旁邊，抓我抓得很緊，阿嬤的焦慮傳染給她了。

孩子的媽媽說：「我們等了兩個小時，站在這裡也不敢離開，萬一考完試老師把小孩帶回來，孩子沒有看到我，他們會不知道該怎麼辦，會害怕的。」

我看了看我們所在的位置，寬敞的走廊，沒有一張座椅，好幾位家長就這麼站著，時間愈久，愈不知所措。

不合理的對待，弱勢者的無奈

我去找了工作人員，她說，「不好意思，第一批考生耽擱了一些時間，第二批考生現在還在考試。」

「你吃飯了嗎？」我問這位工作人員。

「吃了。」她回答得理所當然。

「你吃了飯，卻沒讓考生吃飯？」

「你們吃了飯，卻沒讓人通知家長，孩子們還在考試？」

「你吃完飯了，知道考試時間延誤，卻沒有任何應變措施與備案？」

下午一點四十分，應考的孩子們被監考老師帶回陪考休息室，突然冒出一群家長來接孩子。原來他們都站在走廊彼端痴痴的等候，不敢離開，見到孩子回來，摸摸頭的安撫，抱抱孩子，看看孩子，趕緊帶去吃午餐。

帶學生來參加考試的特教老師說：「特教孩子比一般孩子更不容易專注，**沒吃午餐注意力下降，連帶的會影響考試表現。**」

特教生一年一度的大日子，升學考試的日子，**每一位家長與老師嚴陣以待，主辦單位也審慎對待這些孩子了嗎？**

考試的地點在哪裡呢？臺北市北區特教資源中心，臺北市特教生的避風港，最專業的特教資源所在地——臺北市啟智學校。

如果連這裡都沒有辦法顧及特殊生的權益；如果連馬斯洛最底層的生理需求都無法滿足考生；**如果連承辦多年特教試務的北區特教資源中心都會犯如此重大的失誤，這樣的專業還能倚賴嗎？**

陪考休息室裡坐滿了人，主任拿起麥克風輕描淡寫著說明考試有所延誤。

我在會場中站起來請教主任：「請問，您除了不好意思之外，還能怎麼處理呢？」

他跟我致歉，「媽媽，不好意思，讓您的孩子餓肚子了。」

我回答他，「我的孩子中午吃得很飽，我的孩子不在這一批。」

接下來，我提出：「如果連北區特教資源中心都沒有辦法重視特教孩子，顧及基本需求，我不知道還有哪裡願意接納特殊的孩子？」

「不好意思」四個字，並不能解決任何問題，包括孩子和家長今天受到的不合理對待。

一場只有九十六位學生的大型考試，考試流程規劃十分草率；不准考生與家長在陪考休息室吃午餐，工作人員卻自顧自的在休息室前方長桌吃便當、滑手機。只許州官放火，不許百姓點燈的寫照。

考生在考場內枯坐一個多小時才進行考試，考場內的工作人員**卻未能善加利用電子通訊軟體通知休息室的工作人員轉知家長，讓家長不知所由的枯等，更沒有意識到長時間讓孩子處於考試高壓下可能的風險。**

我給了主任兩點建議：

「一、應該跟今天第二批的家長一一致意。

二、在學校首頁公告今天這件事情處理的後續，讓在場家長知情，作為日後辦理試務的依據。」

他允諾了這兩點要求。

我跟其中一位家長交換聯絡方式。「您好，我是余懷瑾」，我在手機上輸入自己的名字。

這位媽媽看著我，「你是TED上的余老師，我剛才竟然沒有認出你，謝謝你。」

義憤填膺之後，我們紅了眼眶。

我常會想：「**人生，有時候，不是我們想要成為什麼樣的人，而是環境讓我們成為這樣的人。**」

做個有溫度的人

安安週六完成實作測驗，有的孩子週日才正要赴考場實作。

感謝 Mitchell Chen 聯繫張廖萬堅立委，委員回覆我，週一一早會處理此事。

「週日在臺北啟智學校，仍有實作測驗，不知道您能否協助今日考試的家長呢？」我讓委員知道這是一場仍在進行中的考試。

於是，委員在週日假期仍為特教孩子奔走發聲，而有了以下的改變。

「臺北市特教資源中心已於今日報到時，再次說明施測流程及施測時間長度。經評估，今日第八組學生（十點二十分～十點三十五分報到）受測時，可能跨中午用餐時段，該中心已主動向家長說明並備妥麵包等供應。」

週日的考生與家長或許不知道昨天發生什麼事。**我衷心希望未來不需要再用其他孩子的委屈換取後來的尊重。**

週日下午，北區特教資源中心主任打電話給我，表示去年沒有家長反應，以致今年之失。這不是個能說服人的理由。**專業在細節裡，特教資源中心該為表率帶頭示範才是。**

以我長期對身心障礙家庭的觀察，不是家長不想反應，是體制對弱勢的關注過少，不被了解，不被重視，家長們照顧孩子力氣耗盡，孤掌難鳴，忍氣吞聲被迫接受諸多不合宜的對待。

這次的事件，雖然不是發生在安安身上，我的感受卻很深刻：**當弱勢者漸漸遺忘該如何為自己爭取權益，講出我們所看到的，就能幫助他們，讓我們一起做個有溫度的人。**

仙女悄悄話・

人生，有時候，不是我們想要成為什麼樣的人，
而是環境讓我們成為這樣的人。

13 安全無虞是家長最深切的期盼

潘文忠部長曾說：「協助偏遠地區、弱勢孩子，政府責無旁貸，這才是教育平權。」然而，弱勢之所以弱勢，不只是地處偏遠，更因人數稀少，缺乏發聲能力以至於長期遭到漠視，身心障礙學生更是如此。

尊重孩子的受教權

安安國三畢業，就近選擇與我工作地點相近的高中就讀，方便我上下課接送。

六月十九號，我與安安到學校指定的二樓教室報到。即使左手扶著欄杆，右手牽著我，安安從一樓爬上二樓，汗水淋漓，她還是滿心歡喜。

學校說：「安安的教室在二樓，電腦教室在三樓，烹飪教室在一樓，活動中心在校門口旁邊，因為校舍老舊，無障礙空間不佳，只有樓梯，沒有電梯。」

我不禁感到疑惑，不良於行的學生不是應該安排在一樓的教室？這不是基本常識嗎？讓肢體障礙學生上下樓梯，萬一發生了意外，沒有任何人承擔得起，更沒有人希望意外的發生。**讓學生處於安全的環境中，是學校能給身心障礙孩子基本的受教權。在學生的需求中，承擔肩負的責任，乃是教育的價值，**也正是部長最在意的教育平權。

既然環境不友善，我只好期待能申請助理員協助安安的移行安全。詢問老師，得到的回覆是：「公文上寫八月初會公告安安是否申請到了助理員。」、「要看教育局核發多少助理員時數給安安，特教老師只能建議，決定權在教育局。」**這又讓我感到疑惑：教育局基於什麼理由不相信特教教師的專業建議，而能夠憑著「感覺」刪減教師建議的助理員時數？**

於是，六月底，我打電話到臺北市教育局特教科，報了安安的名字，說了安安的狀況，「安安左半部上下肢麻痺，手拄拐杖，要是走路不專注，容易跌倒。教室在二樓，電腦教室在三樓，烹飪教室在一樓，沒有電梯，下課十分鐘來不及趕赴下一間教室，旋即上課；再者，上下樓梯安全堪慮。請問，這樣可以申請助理員嗎？」

特教科制式的答覆，「學校老師會幫你們申請，我們收到就會處理。」

我不放棄，繼續詢問。

「請問一週會有多少時數呢？」、「請問核可的標準是什麼呢？」、「因為我女兒行動不方便，我擔心……可以申請整天的助理員嗎？」

「媽媽，請你不要無限上綱。除非學校和孩子的狀況需要……。八月就知道結果。」

家長重視學生的安全在教育局特教科來說是「無限上綱」。

家長重視學生的安全在教育局特教科來說是「無限上綱」。

家長重視學生的安全在教育局特教科來說是「無限上綱」。

「無限上綱」四個字不是指「貪得無厭」嗎？我懷疑自己是不是打電話打錯了單位，這四個字讓我對特教科產生了更多疑惑。**學校每學期辦理特教研習，期望老師們關懷身心障礙學生，不知道特教科人員是否同樣每半年接受特教職能訓練呢？**我甚至懷疑，臺北市是否真是首善之區？

同理弱勢，從心接納

同理心確實不好教。

很多人問我，為什麼要讓安安就讀一所沒有電梯、欠缺無障礙空間的學校。理由很簡單：為了生活，離我工作地點近，方便接送。我也很好奇，校園「逐年改善」無障礙設施，十年來為何緩如牛步？

我在TED×Taipei演說上曾說，「安安二〇〇八年被公立幼稚園拒絕，連學校都不願意接納這樣的孩子」。想不到，到了二〇二〇年，居然再度重演十年前的惡夢，「連教育局都不願意接納這樣的孩子」。什麼是願意接納呢？**打從心裡想方設**

法幫助弱勢孩子用最少力氣適應環境。

我在部落格發表了一篇文章敘述安安入學的窘境，引來正反面的評論。我寫這篇文章的初衷是寫出目前教育的困境，**讓更多人了解身心障礙家庭無從選擇的煎熬。**就算安安在學三年，學校無法增建電梯，我相信我們篳路藍縷、開路在前，必能照拂後人前行之路。

文章一再轉載，發揮了作用。八月二十六日，學校舉辦新生家長座談會。校長說：「今年新生教室在一樓，不用下樓上烘焙課，我們幫學生在教室裡準備筆電，不用再上樓上電腦課。」這些話，這些作為，倘若能在報到前為孩子設想，可免於家長兩個多月的寢食難安。

此外，安安申請的助理員時數通過了。但，還有許多身心障礙學生無故未通過或被刪除助理員時數。我相信，有許多的家長照顧孩子疲於奔命，求助無門，多半暗自垂淚，就像二〇〇八年的我一樣。

安全無虞是家長最深切的期盼。

仙女悄悄話・

當弱勢不再被排拒，才有可能邁向教育平權。

〈一堂由老師以身作則的生命教育〉影片

https://reurl.cc/pd0bMZ

14

典範在夙昔

平平安安回到家後得定期到醫院看復健科、神經科，各式科別的不同追蹤，還有隨著年齡成長施打的預防針。

小兒科很像菜市場，吵吵鬧鬧，大人聊天的話語聲、小孩哭叫聲此起彼落。聽著這些哭聲很感嘆：安安因為心臟閉鎖手術傷及聲帶，哭聲幾乎聽不見。這麼努力餵食，體重仍舊遠遠落後於成長曲線。

每次去完小兒科，看到別人家小孩健健康康，再看看安安的鼻胃管，心情處於低潮，難以平復。

我心目中的英雄

我上網查「腦性麻痺」，想知道身心障礙者的家長怎麼照顧孩子，身心障礙者怎麼看待自己。

以下五位是我心目中的英雄，包括他們的家人都是。

一、**孫嘉梁**：

他是重度腦性麻痺，說話困難，行動不便，九歲才學會寫字，資賦優異。學區內的國小不願意收嚴重肢障學生，孫媽媽與制度抗爭，四處尋覓，找到臺北市河堤國小，由於林惠真校長的接納，使他的人生出現轉變。

孫嘉梁是建國中學榜首、臺大數學研究所第一名畢業、美國德州奧斯汀大學（University of Texas at Austin）數學博士，現在是中研院數學所研究學者。

二、**黃乃輝**：

從小與祖母相依為命，十歲之前不會走路。為了訓練他獨立，阿嬤噙著淚水要他自己爬過吊橋，不再背他。

為了賺取學費從國中就打工賺錢自食其力，甚至賣彩卷和玉蘭花還將所得捐給孤兒院等慈善機構。堅持從事公益活動助人，為身心障礙人士發聲，曾獲選十大傑出青年。

說起話來十分的吃力的他四處演講，一字一句為人間灑下陽光，充滿鼓舞的力量。現在為總統府教育獎委員會委員。

三、吳瑞璧：

著有《貓頭鷹的勇敢飛行》。兩、三歲時還一句話也不會講。九歲入小學。行動不便、手功能不良、重度語言障礙。

有一次妹妹跟她吵架，罵她啞巴，妹妹被爸爸痛打一頓，罰跪很久。爸爸認為，如果連自家弟妹都看輕她，出門在外，還有誰會看得起她呢？

吳瑞璧的文藝創作無數，並於二〇〇三年獲身心障礙楷模「金鷹獎」。

四、張裕鑫：

著有《逆風野草我的生命出路》。手腳為張力所囿，連說話能力也受到嚴重影響。

張裕鑫的雙親聽只要說哪裡有好醫生，不管多遠都會帶他去。曾經為了去屏東針灸，三點多從台中出發；為了帶他去花蓮氣功推拿，花了兩天時間。

「媽媽每天晚上都會幫我做半小時的復健，我不知道復健對身體的好處，媽媽跟我的感情因為持續復健而更加緊密。」

他在「身心障礙人員特考」中考取了公務人員身分。

五、黃美廉：

罹患腦性麻痺，從小就只能全身癱軟的臥在床上或地上。由於神經受損，黃美廉六歲之前幾乎無法行走，常常跌倒。顏面神經失能讓她的外貌扭曲變形，口水更無法抑制地不停往外流，醫生曾判定黃美廉活不過六歲。

她在臺南出生，在美國長大、求學，在加州州立大學洛杉磯分校獲得藝術博士。一九九三年獲得十大傑出青年。黃美廉的父親說：「這是我的女兒，上帝愛她，我們也愛她。」

前述幾位生命鬥士的故事，在我擔心安安就醫、求學、專長、謀職，甚至與手足相處等大大小小的問題時，得以借鏡與依循。

一、家人無私的愛是當事人強大後盾。

二、與體制抗爭是被接納的必要途徑。

三、旁人無知的冷嘲熱諷當馬耳東風。

四、關愛的眼神與善意的支持記心頭。

五、永不放棄不斷嘗試才能創造奇蹟。

他們小心翼翼站在浪頭上，冒著浪打濕身的狼狽，道出身心障礙家庭讓人感佩之處，是我心目中的巨人。

仙女悄悄話・

世上的奇蹟皆是用盡全力之後的回禮。

第四部

用愛陪你們長大

1 我們家跟別人家沒有不同

「要坐正啊！屁股要坐在椅子的中間，坐旁邊等等就會跌下去。」

「碗要放在靠近自己的地方。」

跟郁宜老師聚餐，一邊還要提醒安安，老師是平平安安幼兒園老師。安安跟老師講她的國中生活，因為捨不得畢業，就哭了起來，愈哭愈慘，情緒一時間hold不住，哭得亂七八糟。

我沒法繼續跟老師說話，得先處理安安的失落。

郁宜老師看到了我的忙亂、崩潰，也看到了我耐著性子，但時間一長，也會罵小孩。她問我，平常怎麼沒在臉書上看到我述說眼前的這些景象？這樣別人會以為安安的狀況很好，我都不用帶小孩……其實我就跟所有身心障礙家長一樣的，累死了。

是啊！我本來就是身心障礙者的家長！而且還是雙胞胎女兒咧！

但是我為什麼並不常寫出來？

因為我並不覺得有什麼寫出來的必要。日常就是姊妹吵架，要勸架，姊妹也會偷懶不想寫作業，事事樣樣，多如牛毛啊。

我想，是因為以下三個原因，讓我並不覺得我們家跟別人家有太大的差別。

一、接受孩子的不完美

平平安安一出生，醫生就說過，終其一生，她們都是腦性麻痺。跟一般腦性麻痺不同的是，她們是嬰兒型腦性麻痺，是早產缺氧造成的，健保卡內建重大傷病卡。

我當然很沮喪，醫生說著腦性麻痺壞消息的同時，也說了好消息：如果認真點復健，認真早療，平平安安有可能可以行走，尤其安安被診斷為可能要臥床一輩子。

我請了育嬰假。原本考上駕照十多年都不敢開車，為了平平安安，開始衝鋒陷陣，四處求診：物理治療、職能治療、視知覺、水療、氣功、游泳、針灸、騎馬、推拿、喝符水……，反正只要人家說有效的方法，我幾乎全部都試過。

每次進行任何治療都是我最開心的時候，因為感覺充滿了希望，感覺一切都會變得更好：是平平安安變得更好，而不是變好，但我仍然很感恩有這麼多機會可以嘗試。**就算不完美，也是我的孩子啊！**

二、不方便，不代表不正常

什麼叫做「正常」？心態健全，勇敢的面對自己才是。

在學校裡看到很多學生有狀況，可能是亞斯，可能是過動，可能是我不知道的狀況，每每跟家長說明，孩子在人際上有障礙，在教學上讓我有些困擾，想尋求家長協助。他們多會避重就輕的說：「我的孩子很正常」、「老師你的教學有問題」。這些孩子反而比家長更了解自己的狀況，他們會說：「我媽叫我不要跟你說」。這些家長逃避與閃躲，害怕貼標籤，**追求表象的正常，反倒讓孩子無法正視自己的獨特。**

會考時，平平申請了身心障礙考場，只有數學科要求延長十分鐘作答時間。她說：「媽媽，我其他科都跟『正常人』一樣，同樣的考試時間，不需要延長。」

我跟她說，「你以為的正常人，有些不一定正常，他們就是一般人。勇敢面對自己才比較正常。媽媽覺得你只是行動稍稍不方便，安安是很不方便。就這樣而已啊。」

三、沒自信，更要找到自己的優勢

在學校裡，我從未教過行動不便的學生，卻有許多學生缺乏自信。**有沒有自信，跟自我認同和家長的態度有很大的關係。**

知名畫家黃美廉自幼罹患腦性麻痺，全身不能正常的活動，也無法正常言語。但她卻靠著無比的毅力與信仰的扶持，在美國拿到了藝術博士。

有一回演講，有人問她：「妳從小就長成這個樣子，請問你怎麼看自己？妳都沒有怨恨嗎？」

她回過頭，用粉筆在黑板上吃力地寫下了：「我怎麼看自己？」

她笑著再回頭看了看大家後，又轉過身去繼續寫著：

一、我好可愛！

二、我的腿很長很美！

三、爸爸媽媽這麼愛我！

四、上帝這麼愛我！

五、我會畫畫！我會寫稿！

六、我有隻可愛的貓！

七、還有……

她又回過頭來靜靜地看著大家，再回過頭去，在黑板上寫下了她結論：「**我只看我所有的，不看我所沒有的。**」

幫助平平安安找到她們的優勢，就能讓她們更有自信。

孩子接納自己需要時間，等待是最溫柔的對待。
幫助孩子是家長的責任，路雖漫長，微光在前。

仙女悄悄話・

你要先相信生命能影響生命，
才有機會看到改變。

2 小學生活的美好開始

洪怡雯老師是平平安安小學二年級的特教老師，她會視平平安安的狀況排課，讓她們到學習中心跟其他能力弱勢的學生一起上課。平平的課業學習與一般孩子無異，洪老師幫她安排在學習中心上心理輔導課程，安安則上數學課、社會課，補強學科的不足。小班制，一堂課三、五個學生，程度相近，學習狀況相似，課堂上比較有話聊，同時也擴展在普通班缺乏的人際相處，老師貼身適時引導，每個孩子都是關注的焦點。

洪老師不只負責平平安安課業，也在乎她們的身心發展。**她真真實實的把孩子**

的感受放心上，讓平平安安擁有與其他人一樣的資源與機會。

平平安安第一次上場賽跑

二年級運動會，洪老師跟我討論是不是能讓平平安安參加四十公尺跑步，這可是我求之不得的。以往，老師們基於擔心平平安安肢體受限的安全考量，或影響團隊練習，或跑步落後太多，總是貼心的將她們排除在外；洪老師同理的將她們放在運動會名單中，對我們來說是天大的好消息，平平安安知道她們也能跟其他孩子一樣參加運動項目，兩人極為興奮。

為了在運動會中有好表現，每天晚上平平安安主動要求到社區中庭練習跑步，不在家裡吹冷氣走跑步機。我們下了班即使很想休息，還是牽著姐妹倆在中庭「衝鋒陷陣」，為了達到目標汗如雨下。她們還商量如果贏得禮券要到合作社採買，買這個，買那個，宛若中了樂透的高額獎金。

校慶當天，各班大隊接力結束，平平安安二人組四十公尺的競賽緊接著登場，一人一個跑道，裁判鳴槍，奮力向前，平平拙拙的往前跨，步伐不大，低著頭一步一步的認真跑，安安拖著助行器，直視前方，向前狂奔，不讓平平專美於前。

看著她們展現平日晚上練習的水準，雖然只是兩姐妹的小比賽，加油的陣仗倒是十分盛大，場邊不認識的家長一句句一聲聲的加油喊得起勁，蹲著喊，揮舞著手在前面喊，周圍的善意推著兩個孩子勇闖終點線，平平得到冠軍，安安得到亞軍。我拿著相機攝影，眼淚模糊了視線。

兩位參賽者，冠亞軍分別得到五十元與二十元的獎勵，平平安安喜不自勝，拿著禮券到合作社「參觀」。在學校一年多，由於行動不便，下課時沒機會到合作社，就算真的有時間可去，也因為擔心小朋友們衝撞推擠而卻步。生平第一次到合作社選購，東挑西選，合作社阿姨很配合的介紹「這個賣得很好」、「很多小女生都喜歡這個」，平平安安把合作社當購物商場來逛的初體驗，這一幕又讓媽媽我淚流滿面。

平平安安是洪老師教學生涯第一屆任教的學生，我很佩服她，**菜鳥老師不怕麻煩，行動力十足**。你或許會說，就是年輕才敢嘗試啊。錯了，我在學校多年，看到的是更多年輕老師的遲疑與憂懼。

謝謝洪老師為平平安安裝上一雙隱形的翅膀，給了她們勇氣與自信，學著相信自己，人生許多的第一次都是洪老師精心打造的。

仙女悄悄話

老師在學生的需要上看到自己的價值，
家長在老師的付出中看到孩子的特質，
珍視孩子的個別差異乃是教育的本質。

3

老師的愛照亮了陰暗

安安小學念普通班。

一年級，注音符號描著寫，她做不到。描寫必須對準線條，花時間重複擦掉，重複書寫。弱視和手部無法做出精細動作讓安安的作業像畫符。使用橡皮擦對安安來說更是困難，我一個字一個字的幫忙擦錯字。

這當中還因為教不會，不會教，導致我情緒低落，母女倆劍拔弩張。

晚上寫功課像跟時間賽跑，睡覺前極力狂奔，衝刺到終點。上床時間愈來愈晚，從九點到九點十五，逐漸到九點半，最後到十點。

作業除了國語，還有數學、英文和其他我關心不到的學科。數學格外磨人，基本數數，加法3+5，不知道該怎麼計算。寫完作業，還要復健：拉筋、站站立架、治療球上做運動。坐著，躺著，趴下，保持身體平衡，運動到不同部位肌肉。

安安的作業很少能夠全部完成。她的能力就只能不斷的追趕，往前，追趕。

「老師，安安昨晚國語寫到十點，以至於無法完成數學作業，還請見諒。」

這就是安安的真實狀況，聯絡簿上的親師日常對話。

長期下來，不要說安安有壓力，連我也覺得沉重，難以負荷。

安安的努力

儘管我很努力的教，安安也很勤奮，不過我對安安的成績倒是很看得開。她終究落後同儕一大截，識字不多，無法理解文意，對於旁人的話一知半解，考試對我們來說，參與大於實質的結果。

但安安不是這麼想的，她會說：「媽媽，要段考了，要複習。」

以她的程度，及格是最大的期待，希望不要打擊她的信心。

第一次段考，安安國語考了七十分，全家歡天喜地，誇她值得了。數學要及格，難度很高，發下試卷時，「唉！這麼簡單的加減也不會。」她就是不會，無法理解。英文不及格也是正常。其他科目也是。

以安安的資質，這麼拚，還是紅字一片，心裡是很捨不得的。

小學二年級，國語跟數學在學習中心老師的協助下，視安安的程度將考題適度刪減，讓她有充裕的時間作答。

自然老師的細心與鼓勵，撫慰了孩子的心

小學三年級，學科更多了，雪上加霜又多了自然科。我拿著課本講解給她聽，拿著老師出的考卷說明，期望老師能多出點選擇題，期望老師一字不改的複製同樣的題目，即使概念相同，有任何一處改動，不管是數據或地點，她就不懂了，無法舉一反三。

我們還是很認真的準備，即使知道最後的結果還是會跟低年級相去不遠。

安安的第一張自然考卷考了三十九分，比之前考過的任何一科的分數都低，她回家難過的表示沒考好，我們也只是安慰她，「盡力就好」、「看看對了多少題」。

自然科投資報酬率這麼低，以後還是多花點時間在國語好了，至少想辦法讓安安語文能力不至於落後同齡孩子太多，其他學科也只能必要的捨棄。

有一回，自然科李麗華老師看到我小姑，跟小姑聊起安安的考試結果。老師說：「發考卷時，看到安安臉上有一抹的憂鬱。」

老師注意到這個身高一百一十公分的孩子的幼小心靈，有傷。

之後段考，我依舊幫安安複習各學科，考試成績出來，安安的國語照舊領先其他學科，可喜的是，自然竟然及格了，太不可思議了。仔細一看，老師每一題都根據安安的程度斟酌給分，讓安安感覺自己進步了。

從小到大，治療師對家長耳提面命，多番鼓勵多於潑冷水。

「孩子做得到，給他一點時間。」

「孩子有了同儕的刺激會更進步。」

「媽媽再加油一點，孩子表現得比以前好很多了。」

家長對待孩子，不也應該這樣嗎？老師對待孩子，不也應該這樣嗎？

安安到了普通班，沒有同儕的互動，上課聽不懂，考試考不好。李麗華老師為安安做的這件事，成為安安念自然科很大的動力。

安安常說，「好期待自然課。」、「我最喜歡上自然課。」、「最喜歡的老師是李麗華老師。」

特殊孩子的表達能力不夠好，但感受愛的能力特別敏銳。

李麗華老師在安安五年級時退休了，一樣是即將退休的老師，一年級的特教老師放生安安，李麗華老師有教無類，有為者亦若是。

仙女悄悄話．

給孩子多一點彈性，就能在他們心裡佔有一席之地。

4 文字感謝帶來溫度

平平安安出生後，受到許多人的幫忙，認識的、不認識的，我都萬般感謝，也會提醒孩子們要記得別人給予我們的，當我們有能力時也該回饋。

有溫度的感謝信

二〇一八年，我去蘭州演講，全家一同前往。旅程結束，回臺灣那天恰好瑪莉亞颱風襲臺，我從蘭州直飛臺北，平平安安和爸爸從蘭州先轉機到南京，再回臺北。哪裡知道，在南京時，回臺北的班機因颱風風勢過大而取消，我在家裡乾著急，原以為他們只會比我晚幾個小時回到臺北，沒留人民幣和網路卡給他們，他們就只能靠機場的免費Wifi與我聯繫。一直到隔天凌晨颱風離去，班機起飛，才平安回到了臺灣。

一到家，父女三人你一言我一語的講著南京轉機奇遇記，遇上了好心人。

平平說，「在南京機場，很多人因為班機停飛，到櫃檯詢問該怎麼辦，爸爸去櫃檯問，要我照顧安安，櫃檯人很多，大家都在問班機什麼時候起飛，櫃檯說七月十四班機才有空位，爸爸身上沒有錢，住宿成了問題，就在我們很緊張的時候，有一個年輕的機場服務員何諾哥哥幫我們安排住宿和班機。」

我問平平怎麼知道他的名字。平平說，「媽媽有教過我要看名牌，要記得人家的名字，我特別看了他叫什麼名字。」很高興關鍵時候平平記得我教過她的。

我問她，「你寫一封信到航空公司感謝何諾哥哥好嗎？」

她自動的坐在電腦前，不到一小時寫好了感謝信，上網查航空公司信箱，寄出。

「敬啟者：

你好，我是○○平，一個臺灣的國中生，因為我妹妹行動不便，每次全家出國玩，上下機前都會為她申請輪椅服務。

七月十日，我們搭乘中國東方航空從蘭州中川機場飛往南京祿口機場的班機。下機後，是何諾哥哥幫我妹妹推輪椅，沒想到我們接到了航班因為颱風取消，這樣一個令人措手不及的壞消息。因為我們的手機是臺灣的，無法撥通中國的號碼，於是何諾哥哥替我們聯繫東航客服；又幫我們查了其他公司的班機，最早能回臺灣的班機是在七月十四日，何諾哥哥把他的手機借給爸爸向東航客服訂票。

我們正在煩惱接下來幾天的食宿問題時，哥哥他就告訴我們這附近哪裡有賓館，還直接打電話幫我們訂好了，最後甚至打電話給公司，公司也幫我們出了第一天住宿的費用。當看到他這麼熱心替我們聯絡客服、聯絡旅店時，心裡真的很溫暖；當我們慌張得滿頭大汗，焦急與無奈全寫在臉上時，謝謝他雪中送炭，提供了我們這麼多協助。

為了表達我們的謝意，我特地寫了這封信，也希望貴公司能夠嘉許他這樣優良的表現。

我媽媽的手機是0989……，如果你們要聯絡可以找她。謝謝。」

一週後，我接到航空公司來電，何諾先生不是航空公司員工，應該是機場的服務人員，他們會代為轉交這封感謝信。

生活很忙，步調很快，文字感謝的美好卻漸漸地被眾人遺忘。我一直提醒自己，「**最終是我們選擇讓自己成為一個有溫度的人，而不是別人。**」

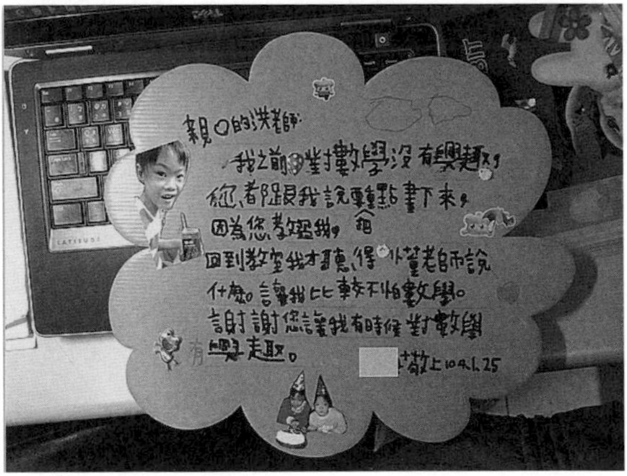

▲ 安安給老師的手寫卡片。

仙女悄悄話・

最有影響力的是故事，

為故事加值的是文字。

5 卡片傳心意

開學前一晚，安安花了一個多小時整理要帶到學校的細軟：枕頭、小毯子、衛生紙、資料夾、便當袋、水壺、牙刷、牙杯……除了民生用品之外，我沒額外提醒她該帶什麼。

開學日快到學校時，我才問她，「帶了給秀萍老師的卡片嗎？」（媽媽OS：「覺得重要的，自己要記得帶，不需要媽媽提醒。」）

她回答：「有。我要私底下再給老師。」

我誇獎她，「你還會用『私底下』這個詞喔。」

秀萍老師是班上的助理老師，慈愛的大總管，她為安安訂了午餐結束的SOP，到洗手台洗便當盒，走回教室置物箱拿枕頭趴睡，一切自己來，安安就在她有計劃的訓練下自理能力逐漸提升。不只安安喜歡秀萍老師，其他的孩子們也喜歡老師，當然我也是。能得到孩子的心的老師，可遇不可求啊。

上學期結束前，安安說：「秀萍老師的生日是二月十一日，剛好是開學第一天。」

我們把二月十一日記在心上。

安安的用心

開學當天，安安把書包放在座位上，拿出生日卡給老師。我利用送安安進班的時間，跟秀萍老師分享了安安的三點用心：

一、言行一致：

我原訂二月十一日帶安安出國，她說，「二月十一日是秀萍老師的生日，我不要出國好了。」

為了安安要送卡片給秀萍老師，我將出國日期延後到二月十二日。雖然最後因為新冠肺炎疫情，取消了出國行程，安安自始至終表達了她的心意。

二、**獨家作品：**

安安的卡片分成兩部分，一是繪圖，二是文字。

她上網查圖片，學著畫皮卡丘，難度有點高，她看著畫，畫得不太像。後來她找出之前晉瑄姊姊畫給她的皮卡丘，用描圖紙描邊，變得超級像。她告別了描圖紙，初始還抓得到神韻，久了，卻愈來愈不像。於是，她想到一個方法，就是把圖案塗滿黃色，任誰都知道那是皮卡丘。這一點，我覺得滿聰明的。

文字部分讓我很感動。平常在家，安安老是把媽媽當下人在叫，為了寫卡片，拿了粉彩紙，靜靜的坐在書桌前，構思繪圖。等我猛然想起家裡怎麼這麼安靜，才發現她還在寫卡片。

三、當面感謝：

疫情關係，寒假延長二週，安安無法如願在秀萍老師生日當天親自傳遞祝福。於是她在二月十一日把卡片line給導師，請導師轉傳給秀萍老師。

開學前一晚收書包，她記得帶上卡片，要在開學第一天，親手送給老師。

讓安安和秀萍老師綻放笑容的，何止是一張卡片，還有其中滿滿的心意。

從小學四年級教安安寫卡片，感謝老師的付出，到現在，從文字到行動，能有這樣的進步，媽媽覺得欣慰。

▲ 安安送給秀萍老師的生日卡片。

仙女悄悄話・

口說感謝是基本款，
書寫回饋是豪華款，
行動證明是旗艦款。

6 父母師長一定要學會的事

安安小學六年的校園學習可以分成兩種：**一種是在教室，安安九成聽不懂，人在教室裡像個擺設，不起眼的存在**。第二種是在學習中心，個位數學生，都是學習弱勢，安安一週有幾堂課必須過去上課，也因為這幾堂課，我看到了她的轉變，老師教過的內容她「居然」可以說出一些。

安安小學即將畢業，我們選擇國中就讀特教班，安安也同意了。

小學升國中前會有一場鑑定評估，由其他學校特教老師施測，評估老師把對安安的觀察寫在裡面，老師溫柔的詢問我安安需要哪些資源的挹注。

再來，會有一場大型鑑定安置會議，會議交叉進行，委員與孩子和家長個別談話。坊間流傳，孩子若是表現太好會被打回票，好比說安安聽得懂，會加減，可以簡單表達需求，就有可能無法念特教班。**很難想像，念特教班還需要擠破頭，家長得希望孩子面試突槌，還要希望孩子無法回答委員問話。**

「我是高中老師，校園裡特殊生就像教室裡的客人，無法融入群體，同儕不接納，老師顧不到，小學六年，我們已經努力過了，沒有成功。國中選擇念特教班，希望對安安有更具體的幫助。」我一個字一個字講得很慢，斬釘截鐵對著委員說。

安安如願通過面試，得以進入特教班。

多看優點，少看缺點

下一階段是重頭戲，小學端與國中端安排的「轉銜會議」。列席者四人：我、安安的小學特教洪老師與安安的兩位國中導師。

國中老師有安安的鑑定報告，他們看著報告，多少能勾勒出安安的狀態。老師們希望透過這次會議與小學端的老師和我會談，更加了解安安。

他們很快切入正題，「安安的狀況怎麼樣呢？」

洪老師：「安安需要老師協助……。」

洪老師教了安安五年，深知安安學習遇到困難就想逃避，擔心安安一旦上了國中會怠惰，期望國中老師能多鞭策安安，身為家長的我點頭如搗蒜，洪老師講出了我的心聲。

一小時後……

國中老師問：「我可以看看安安的作業嗎？」

「寫得還不錯耶。」老師極為肯定。

國中老師提出：「安安還有什麼需要注意的嗎？」

在聽了一小時安安的弱點之後，我突然冒出一句，「她會自己洗澡喔。」

我不好意思的解釋，「**總得說些安安的好。剛才好像都是講安安不好的，沒講到安安的好。**」

這句話改變了風向，將現場的氛圍從憂慮轉為愉快，優點的談論讓大家變得更為自在。交流從安安的作業開始，誇讚她寫得工整，能夠閱讀二百字短文，能夠在提示下寫出一百字短文；然後談到她的個性善良溫和，能夠在時間內吃完飯，大方談起安安被忽略的優點。

這是我與楊其諴老師與陳渝蓁老師第一次見面，老師們提前了解安安小學的學習狀況，也好及早準備因應方式，這對親師生都是安心的初步。

陳老師在安安國二時調到其他學校任教。安安國三畢業那年，陳老師邀請我到她任教的學校演講，那一場演講讓許多老師動容。結束後，陳老師陪我走到校門口，她說這兩年自己有了孩子，很能體會我們初見面時，我提出談談孩子優點的建議，她很希望自己的孩子有一天能遇到賞識她的老師。陳老師的肺腑之言擲地有聲。

身為家長和老師，一定要知道的事情是什麼呢？

賞識孩子，賞識孩子，賞識孩子。重要的事說三遍。

仙女悄悄話・

賞識孩子，你就能成為他們的貴人。

7

言者無心的傷害

身為家長，我很在意平平怎麼看待她先天肢體上的不便。

言語傷人

國二時，有一天晚上，平平講著學校表演藝術課發生的事。

老師說：「我不管你們是腳殘，還是腦殘，以後每次上課都要準備校慶表演……。」

平平感覺受傷了。「老師一提到腳殘，全班都知道她在說我，班上只有我一個人行動不方便。」

我當下有許多憤怒的想法：「這老師憑什麼講這種話。」、「怎麼這樣傷害學生幼小的心靈，這是什麼老師啊！」、「這老師講話太傷人」……「打一九九九」。

當我心裡浮現一九九九的時候，突然冷靜了下來，覺得自己滿可笑的。學校裡每天層出不窮的一九九九，實際上很少能真正解決問題，反而讓願意做事的老師投鼠忌器，綁手綁腳。

我想起，這幾週只要有表演藝術課，平平就會提到秩序很吵，尤其男生配合度很低，老師管秩序管得很辛苦。

我手寫了封信給導師，請導師代為轉達給表演藝術老師。內容大致是：「身為家長的我們向來接受孩子的肢體障礙，但孩子需要花多一些的時間建立自信，老師的話讓平平受傷了……希望老師同理對待。」

在寫這封信之前，我問了平平：「你會希望導師和表演藝術老師知道你的想法嗎？」她點頭。我寫好信後，把信給平平看，她微笑著夾進聯絡簿裡。

老師的道歉

隔天恰好有表演藝術課，科任老師找了平平聊天。

她對平平說：「我前幾天不是故意要攻擊妳或是想要怎樣，我猜到你們班一定有男生會說自己肢體不協調、不想參加，班上男生的狀況妳也知道，就是想鬼混。特別提到妳，只是想讓男生們知道，連妳都參加了，他們不能不參加；妳都能跟著全班一起練舞了，他們沒有理由不練習。但我那天沒想那麼多，沒注意到我的措詞會傷到妳。**我真的沒有要針對妳的意思，我向妳道歉。**」

老師並強調，她一直很肯定平平，從國一開始的每堂課都沒有因為身體不方便而不參加，服裝走秀也很努力準備，常常跟組員一起練習。她希望平平可以接受她的道歉。

平平回家後，如釋重負，**她明白老師並非針對她肢體障礙而有所批評。**

「腳殘事件」是很好的機會教育時機。希望有一天，當平平走在路上，聽到有人說「腳殘」，她也能不以為意的大步向前，不須對號入座。說不定只是旁邊有一群小朋友在踢球，有人踢得不好，是同儕間的戲言，並不是在嘲笑或攻訐她。

經過這次事件，平平學習到的是，即使行動受限，心態可以開放，並練習三件事：

一、遇到問題，不閃躲，嘗試解決。

二、解鈴還須繫鈴人，直接與當事人溝通。

三、言者無心，聽者有意，有些話不必停在心裡太久。

仙女悄悄話•

人生為自己而活，千萬不要活在別人的嘴裡。

8

主動學習的美好滋味

往年寒假都會幫平平安安排新的學習活動，但經常剛撒下種子就因為開學而中斷，學習成效不彰。這一次寒假因為新冠肺炎疫情延長二週，線上課程順理成章，也有了意外收穫。沒有學校課業的壓力，心態上輕鬆許多。

共同學習，分散壓力

四個月前，我問平平要不要上線上英文課程？

她不太高興的回我，「英文會看就好，為什麼一定要會說？」

我勸她先試上看看，線上真人互動，「你看得到老師，老師看不到你。萬一不會回答，也不用操心，老師會想辦法，找出方法讓你聽得懂。」

如果真的不喜歡，不想上就不勉強。這是媽媽慣用的勸導話術。

第一次上課，平平選擇一對一的課程，只有她一個人跟老師對話。一堂課四十五分鐘，內容都圍繞著「運動」這個主題，這對平常鮮少運動的她來說，單字與內容都有難度。我陪她一起上課，老師問問題，平平停頓「ㄜ」很久，趕緊拿手機查單字。老師用紅筆把平平的答案寫出來，先糾正她發音，再寫上正確的答案。

整節課都像坐雲霄飛車，七上八下，電腦上的時間走得很慢，度秒如年。

一下課，她喘了一大口氣，「太緊張了，一身都是汗。」

第二次上課，她預約了一對多課程，一堂課三個學生，老師不會把焦點放在她身上，多一點人分擔講英文的壓力，爭取喘息的機會，也順便聽聽別人怎麼說。

預習好處多

「媽媽，上課前一小時可以下載當天課程講義。」

下載講義只要按個鍵就完成了。平平拿著A4紙把講義上不會的生字抄起來，查單字，按下語音鍵，聽發音。對話部分先想好要怎麼回答，再把答案寫下來。

一對多是平平可以負擔的方式，三個人輪流講，聽同樣程度的人講英文，覺得自己還可以更好。有時候時間到了，只有她一個人在線上，她會說：「媽媽，今天賺到了，只有我一個人上課耶。」（團體課比一對一便宜。）嘴裡這麼講，其實她還是喜歡有同學一起上課，分擔壓力。

每一次上課前，我先想好要安排什麼事情讓安安做，不干擾姊姊上課；每一次上課我都專心的陪著平平，幫她壯膽，不做其他事。

有一天，平平下載講義，慌張的問，「媽媽，這要寫菜單耶，我又不知道有什麼菜？」

我建議她寫海鮮沙拉。

平平一邊說：「要洗高麗菜，高麗菜的單字怎麼說？」一邊拿起手機要查。

我說，「用萵苣也可以。」

她開心的寫下「lettuce」這個她本來就會的單字。

接下來，她把時間花在想海鮮沙拉有哪些製作步驟，一個步驟一個步驟的寫在紙上，避免老師提問，回答不出來。

當天有兩個同學跟她一起上課，從頭到尾回答得很慢。課程最後，老師問大家擅長做什麼料理，步驟有哪些？平平因為寫了筆記，一步步的講出來，老師給她正面的評價，她很有成就感。

第二位同學的菜名講得坑坑疤疤，步驟更是每一個字都猶豫再三。第三位同學也是二二六六，拼拼湊湊的回答完問題。

平平轉頭看了看我，用氣音說：「這就是沒有預習。」看得出來，**她很滿意自己的預習成果，找到了自信**。

媽媽開心的是，孩子終於感受到主動學習的好處。

給予支持，慢慢來，就能讓孩子品味學習回甘的滋味。

仙女悄悄話·

成就感是學習的源頭活水。

9 好的治療師與老師讓家長安心又感心

平平安安是物理治療界的元老，從出生起，跑遍各大醫療院所，一間醫院一週一次，四處奔波，優秀的治療師訓練孩子，也療癒家長。

優秀治療師專業又貼心

治療師對家長來說相當重要，我且分成四種。

第一種：恨鐵不成鋼型。

「孩子能力太弱，這個不會……」

別人家的小孩七坐八爬，我們家孩子卻連翻身都還不會，但就是能力弱，才需要來尋求專業協助。**你有什麼辦法能夠幫助我的孩子？**我並不是來聽你一直批評我的孩子有多不好。孩子很弱是事實，我早就知道了。

第二種：只管復健型。

「她一直哭，媽媽來安撫一下。……」

小孩本來好好的啊！因為不習慣復健才會哭，才會鬧，當媽媽的我怎麼知道復健的時候要怎麼安撫。安撫好了，再開始復健，還不是又要哭。等到不哭了，剩下十分鐘，半小時的課程就結束了，時間如此寶貴，下一次治療又是一週後。

身為兒童物理治療師，應該是你在現場教我：復健時，當孩子哭鬧，家長可以怎麼做。**在家復健時，我也能比照辦理，讓復健順利成為生活的一部分。**

第三種：都是家長的錯型。

「媽媽你要認真一點，回家要幫孩子運動，不然他們會更糟糕。」孩子如果沒有進步，就會聽到這樣的話。

醫生當初就說孩子的狀況很嚴重，復健哪能一下就看到成效？**當媽媽的我比你還要心急。**我白天要上班，回到家吃完晚餐就複習治療師教過的復健動作，孩子也不一定願意配合，往往哀號不已。我自己還得忍著不要自怨自艾哭出來，小嬰兒能有多少時間清醒的，那些時間我幾乎都沒放過。

平平安安二人復健作業的困難度比我批閱四十份週記還要難上百倍。

第四種：救苦救難型。

「媽媽你在旁邊看，孩子會哭，會看你，很正常。你不用管他，我會處理。如果你捨不得的話，可以先去外面走走。下課時我再告訴你今天做了什麼，你回家照著我教你的方法教他，如果有問題，下一次再來問我。」

這半小時的課程，媽媽可以遠離啼哭聲，去外面放風，看著藍天白雲，大口呼吸新鮮空氣，人生有好久好久沒有片刻屬於自己的了。

優秀的治療師把別人的孩子捧在手掌心，體恤家長的勞心。

好老師幫助家長，也有益於學生

同樣的，學校裡的親師溝通也可以這麼區分。

第一種：恨鐵不成鋼型。

「我們學校學生就是程度很差，又不努力。」這句話掛嘴邊不停放送。

這些學生就是沒有方向，不夠自律，念書沒有方法，以至於國中會考不理想，選擇社區高中就讀。這些不早就是已知的事實了嗎？

老師要做的是找到孩子的天賦，強化學習動力，讓他知道怎麼為自己努力。

第二種：只管教學型。

「他一直搗亂，請他父母來學校處理。」也有這樣凡事必找家長的老師。

一天到晚寫聯絡簿，約談家長，小孩在學校的問題丟回給家長，家長到學校覺得難堪，不知如何是好，無從處理。

當老師的不就是在孩子搗亂時，善用班級經營，正向管教，不要讓全班認為他是害群之馬，不要因為老師的無能為力而憎惡他，攻擊他。

在全班眾多學生中，看到這孩子的獨特，協助家長看到孩子的好。

第三種：都是家長的錯型。

「這學生的家庭功能很弱，當老師的又不是保母，家長都不管，我們還能怎麼樣？佛度有緣人啦。」把問題歸咎到家庭失能，搬出佛祖來，把責任撇得一乾二淨。

就是因為家庭功能很弱，老師顯得格外重要。世界上幾億人口，來到我們跟前的，哪一個不是精挑細選過的呢？**當緣份來時，我們可以想想怎麼幫助這些弱勢的孩子，成為他們生命中的重要他人。**

第四種：救苦救難型。

「老師，我小孩一天到晚都在跳舞，很晚回家。」

「老師，我小孩每天賴床，我叫都叫不醒他，一天到晚遲到。」

「老師，不好意思，我小孩功課不是很好，也不念書。」

家長帶孩子缺乏樣本數，難免有盲點，旁觀者清，當局者迷，老師願意為家長分憂，提供可嘗試的方法，共同幫助孩子在青春期的迷惘中撥雲見日，慢慢來會看到曙光的。

身為老師，盡我所能，幫助了家長，也就幫助了孩子。

這是平平安安從早療開始給我最大的啟發。

仙女悄悄話・

利他是擴散影響力的捷徑。

10 關懷少數與弱勢，打造有溫度的校園

我常對學生說：「慢慢來，我等你。」同樣的，身為母親的我，也希望安安能被同理對待。

尊重學生的選擇

我的班上有一個學生叫阿明，他面無表情，脫序的言行讓我招架不住，例如說

要放火燒學校，砸爛我的筆電，跟他溝通就像廣播調頻老是無法對焦。跟家長聯繫，媽媽責怪我，阿明是到了我的班上才變成這個樣子，他國中三年很正常，都是我的錯。我的努力不如預期，每一天上課面對阿明不按牌理出的牌，令我相當挫敗。多做多錯，不做心裡過不去。每次一發生狀況，就得勞駕輔導老師居中協調。還好，班級經營做得好，學生們接納阿明強烈的個人特色，有突發狀況時，主動成為我與阿明之間的解碼機，因為阿明，我們班更有向心力了。

高一下學期，收回高二選擇類組的回條，大致上就知道哪些學生的類組別。我心裡這麼想，「如果我們班能有學生在高二時跟阿明同班，就能幫助他融入新環境。」看了看類組名單：平日對阿明友善的男生選了二、三類組；我轉而尋覓有哪些對他友善的女生跟他選同樣的類組。我很慶幸地看到了心榆。

編班會議上，我提議讓心榆跟阿明同班，好有些照應。高一的風風雨雨，心榆看多了，處變不驚，見怪不怪，出手救援不嫌麻煩。

學期末，我總想著這是心榆的事，還是應該跟她說一聲。

避開班上學生，我在走廊上跟她說，「你對阿明很友善，高二跟他同班好嗎？」

她沒意識到我會跟她說這樣的話，也沒意識到她的善意是有功能的。於是，她反問我：「那我不會被仙女教到囉？」

我理所當然地回答她，「你也知道，我們高一發生很多事，學校幫他找了更適合帶他的導師……。」

心榆抬起頭看著我，「可是我高二想給仙女教耶！」

我當下紅了眼眶，很感動。像我這樣作業很多，又不是成績導向的老師，原來還是有學生希望讓我帶三年，如果不是因為這件事情，我也沒機會知道她心裡的想法。

談完後，我跟輔導老師說，「我尊重心榆的決定。」

輔導老師說，「理該尊重心榆的決定。」

註冊組長說，「這樣，她就不能選班級喔。一樣S型分班。」

高二開學，拿到分班名單，順著姓氏筆劃看下來。十四號，我看到心榆的名字。

說不出口的提議

安安三、四年級時，很幸運的，班上有個會主動幫助她的同學，笑容甜甜的，非常巧，她的名字也有個「ㄩˊ」，叫做珈瑜。

安安表達能力不好，行動不方便，在學校裡小朋友一下課就往教室外面衝，安安哪裡也去不了，只能坐在位子上。能力落差造成人際關係的孤單是無可避免的，尤其在常態編班的環境裡。身為老師的敏感，我深刻感受到珈瑜對安安比其他同學更有耐心和貼心。她下課時會陪安安聊天、上廁所；外堂課幫安安按電梯；樓層轉換陪安安爬樓梯（有助理老師陪同）；把作業借安安看，讓安安能順利完成。這些都不是老師交付的任務，珈瑜是難得一見的「天使」。

升五年級時，開 IEP（Individual Educational Plan，個別化教育計畫）。這是指為「每一位」身心障礙且具有特殊教育或相關服務需求之學生所擬定的教育計畫，不論該位學生是安置於普通班、特教班、資源班或特殊學校等，目的是為了確保每一位身心障礙學生皆能接受適性教育。

我有好幾次很想提議，是否能讓珈瑜跟安安同班，但始終沒說出口。畢竟沒有哪個孩子需要承載另一個孩子的人生。

五年級開學，安安沒有跟珈瑜同班。安安小學六年，只有珈瑜一個朋友。

事實上，安安和珈瑜的故事發生在前，三年後才有心榆的故事。

身為老師的我，想為學生做得多一點，即使我做得不夠好；身為母親的我，也想為自己的孩子做多一點，但開不了口。

在有特殊學生的環境裡，身為老師的我，盡力打造有溫度的課堂；身為母親的我，珍惜讓孩子洋溢幸福笑靨的人們。

仙女悄悄話・

關鍵少數照見人性的光芒，提高團隊的高度，標舉社會的文明。

11

慢慢來，我等你

我任教普通高中，遇到凱安之前，我教過的特教學生，兩隻手就能數得出來。特教學生因為學科能力較弱，多數就讀技職體系或特教學校。

特教組長又文打電話到辦公室給我，詢問我高二分班可以將凱安安置在我的班上嗎？我直覺的把我遇過的難題跟她說，「我高一曾經到凱安班上代過課，也與他短暫交談，我不太能聽得懂他說的話。我想我對他的幫助可能不大，要不要換其他特教生到我的班上呢？」

又文很快的回應我，「可是，凱安媽媽希望能有一個像姐姐一樣的導師。」

聽到這句，事情圓滿落幕了，凱安高二分配到我的班級二〇四。

讓同學發揮守望相助的美德

每回演講分享講到這裡，台下的觀眾就笑翻了，笑我自稱「姐姐」；笑我自以為年輕；笑「姐姐」這個詞魅力十足讓我接納了凱安。等大家止住了笑，我才接著說下去。我自認不是會一直叨叨念念的老師，不會像媽媽碎碎念的凡事提醒。所以聽到「姐姐」這個關鍵詞時，我想家長的認知應該跟我是一樣的，我自當滿足家長的需求，於是欣然同意。

開IEP時，我才知道凱安求學生涯過得很坎坷，國小到國中都受到同儕欺凌，打罵，高一生活過得也不算好。既然他來到我的班上，我最先想避免的是霸凌問題，因為凱安表達能力有限，萬一發生什麼事，他無法為自己發聲，這是我最擔心的。

高中生活培養學生自律的態度，導師只會在早自習、午休、打掃時間出現在班上，有時一忙起來也不見得會到班上；或者是有老師投訴班上太吵、學生蹺課，這些偶發事件我也會到班上，其他時間就請學生下課到辦公室找我。多數霸凌事件發生在老師不在的時候，而我多數時間不在班上，那麼要如何防範呢？跟學生說不要霸凌同學嗎？這招如果有用，霸凌早就絕跡了。我的班級向來以有向心力著稱，全班互相照應，彼此接納，**我的完美計畫是當我不在的時候，或者任何時候，都有人能夠關照凱安**。

我先把班上看起來兇惡的學生一個個找過來私聊，激起他們的英雄氣概，扶助弱小，行俠仗義，「如果我不在，幫我看著有沒有人欺負他，有的話就來跟我說，或者你先處理。」我再拋下一句，「你不可以欺負他喔！」學生會很義氣的說，「不會啦！我不是這種人啦！」

我採分組上課，班級座位分成六組，我把凱安放在前方最中間的位置，也就是第二組。他的前面，左邊和右邊都有「鄰居」，提問不會時，「鄰居」會發揮「守望相助」的精神。善心人士都安插妥當，我老想著還能再多做些什麼。

我發現我上課的節奏很快，凱安根本跟不上，每次輪到他寫白板，他還沒來得及寫答案，就換下一題，白板傳給下一個人了，等同於我扼殺了他表現的機會。於是，每次輪到他，我就會刻意放慢速度，眼睛注視著他，等他寫完白板。班上學生趁機卯起來聊天，吵翻天，我眼冒金星，很想發火，但我忍了下來，萬一我因為凱安而生氣，下課時間，學生有可能找他出氣，我不想他課後被修理。所以我換個方式，給凱安長一點時間寫答案，為了不讓他過於緊張，「慢慢來，我等你」這句話成了我的口頭禪。

我向來自豪運課如行雲流水，秩序控制得宜，唯獨輪到凱安，吵鬧聲不絕於耳，等待他這個方法真的好嗎？真的可以持之以恆嗎？到底多久能看到成效呢？到底成效是什麼呢？說真的，當時的我並不知道，**我只知道我要讓班上學生看到我在意凱安，我不能帶頭忽略他，我忽略他，他就連刷存在感的機會都沒了。**

以身作則

直到九月二十八日教師節，每個學生都寫了教師卡給我，嘉徽的卡片支持我堅持初衷。「親愛的仙女娘娘萬福金安，仙女是我目前遇過最認真的班導，有些班導對於比較特殊的學生都避而不見，仙女卻是更加的去關懷他們，我超級感動，嘉徽。」那時候〈後宮甄嬛傳〉當紅，看到「萬福金安」，我就笑了，等看到內文，我就哭了。開學不到一個月，嘉徽感覺到我的與眾不同，她看到了我的努力。在我們鼓勵孩子們「**不積跬步，無以至千里；不積小流，無以成江海**」時，**孩子們也用明亮的雙眼看著我們的言行。**

我不斷修正讓凱安融入課堂的方法，我發現出簡單一點的題目，凱安不僅會寫，也很有成就感，同時也能跟上課堂步調。我也請學生們提醒我，「輪到凱安了」，試圖打造「里仁為美」的班級風景。

從二〇四到三〇四兩年時間，就連學生上台報告都會等待凱安，我終於成功打造了我期望的友善氛圍。

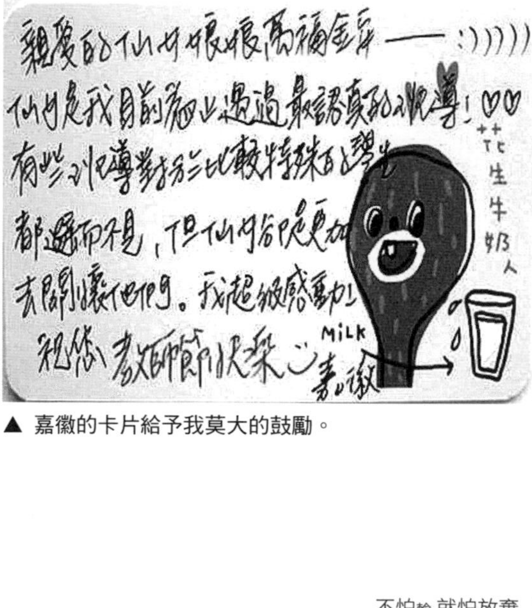

▲ 嘉徽的卡片給予我莫大的鼓勵。

國文課考默書，凱安經常拿滿分，前一晚在家背了兩、三個小時。其他「正常」的學生對默書是不屑一顧的，滿江紅也不以為意。我清楚默書對凱安的學習幫助不大，凱安的認真讓我想為他做點什麼，我去教務處問：「我能幫凱安量身打造段考試卷嗎？」高中兩年十一次段考，我每次都為凱安獨立出一份考卷，比跟普通班和稀泥的考試對他更有幫助。每當他拿到不錯的成績，臉上浮現的笑容，我想他也對自己很滿意。

為弱勢發聲

畢業時，子倢寫了卡片給我，「謝謝仙女兩年來的指導。您真的是一位很特別，且獨樹一格的老師。這兩年來，我真的學到很多事，你對凱安的態度，讓我內省我高一的班級，那時，我們對他非常惡劣，可是你不一樣，因為你對他的態度是積極且正面的，所以當學生的我們才會好好待他。從你對凱安的事情的處理，我認為仙女你真的教會了我們『做個有溫度的人』，也許我們還不是那麼好，可是有一天，我們都會更加成長，成為更好的一個人。」子倢的這張卡片讓我淚流滿面，決心鼓起勇氣參加TED素人海選，為身心障礙者發聲。

準備TED過程中，我回想過去為凱安做的，那些別人認為我何必要這麼辛苦的事情，竟然都與安安有關。

我想要凱安能融入群體，快樂上學，不再被霸凌，是因為安安也曾經遭遇過。安安五、六年級常賴床不願意上學，我氣得罵她學習態度不好，快畢業時，她會的語彙多了些，跟我說了幾個學生的名字，我才得知她在學校受到欺負。幫凱安出專屬考卷，則是

ARI♥BEARI♥ BEAR I♥BEAR
♥BEAR I♥BEARI♥BEARI♥B

謝謝仙女2年來的指導！您真的是一位很特別，且擋格的老師。在這2年來，我真的學到很多事，你對凱安的態度，讓我內省了我高一的班級。那時，我們對他非常惡劣。可是你不一樣，因為你對他的態度是積極且正面的，所以學生的我們才會好好待他。從您對凱安的事情的處理，我認為仙女你真的教會了我們「做個有溫度的人」。也許我們還不是那麼好，Happiness可是有一天我們都會更加成長，成為更好的一個人！ 304周子倢

▲ 子倢的卡片鼓舞我參加TED素人海選，為身心障礙者發聲。

安安三、四年級時，李麗華老師調整自然科的計分方式，讓安安獲得學習成就，我如法炮製對待凱安。感謝上天派了凱安到我班上，**幫助凱安的同時不知不覺慰藉了我，我彷彿在修補安安昔日受過的傷。**

登上TED，我聚焦弱勢者議題，用我擅長鋪陳故事的方式，兩段親身經歷帶出以領導者高度建立友善氛圍的成功案例，以被害者之姿剖析走過霸凌幽谷的心路歷程。我在眾人面前是得獎無數的老師，光環炫目，在家裡卻是歇斯底里的母親，誠惶誠恐。為了讓身心障礙者被邊緣、被霸凌的議題受到關注，我打開心裡的結，跨出一大步，站上舞台，以六分鐘的演說訴說人們難以理解的痛。

感謝凱安與他母親對我的信任，因為他們母子讓我更有勇氣與能量。期望我的挺身而出，鼓勵像我們這樣的家庭，感謝特教師長們默默的付出，更期望「慢慢來，我等你」這句話能安頓忙碌社會中眾人們急切的心。

仙女悄悄話・

做別人的事，成就自己的工夫。

12

用故事機會教育

平平到書房找我，「媽媽，慧慧要我問你，有沒有那種會一直弄學生的老師？」

「一樣米養百種人，當然有這樣的老師，不過，大部分的老師是不會弄學生的。」

慧慧是平平的同學，這一個月來，她跟平平抱怨學校老師處事不公，針對性太強，平平想問我怎麼樣可以幫助慧慧不再陷入這樣的低迷。

「你知道媽媽昨天晚上去國教院參加謝師宴嗎？」她回答知道。

「你知道校長們為什麼邀請媽媽嗎？熊大校長還特地做了影片邀請媽媽，讓媽媽大喜過望。」

一個好的故事，通常在開始時並不美麗。

學習重在覺察改變

三月份，媽媽去國教院替國中校長儲訓班教「專業形象與溝通表達」，三小時的課程，學員戴著口罩，看不到表情。

這個班級跟我其他教過的班級比較起來，很難炒熱氣氛。第一節下課，媽媽還去問他們班的輔導員，「這個班怎麼了？」

我問平平：「妳認為媽媽會不會因為是校長班，不敢要他們認真？」

「不會。」

接下來再問她：「妳認為媽媽會不會因為他們不認真，就弄他們。」

「不會。」

但是有一位熊大校長很特別，他特別的不投入。上台報告完，媽媽就提醒他，下次上台可以先順過稿子，應該會更流暢。

下課前，媽媽問大家學到了什麼？順手麥克風遞到熊大面前。熊大說，「我在想為什麼要學口語表達。」這是媽媽一開始上課講的內容，他講完這個答案，全班大笑。熊大急著解釋，吞吞吐吐反覆說，「我在想為什麼要學口語表達。」

接下來，媽媽又問了其他人。又再度遞麥克風給熊大。熊大這時候反應突然變得很快，反問媽媽，「你怎麼不問博議？」我笑著說：「你也有感覺博議正在放空喔。」全班笑得比之前還大聲，這是「被說中」的笑聲，笑了超過三分鐘，還沒辦法止住笑。

班上氣氛變得愉快了起來，媽媽也沒有弄任何學生。更令人興奮的是，我看到了熊大的學習。他把學習的焦點放在觀察同學。**每個人對於學習的定義不同，覺察到任何改變都是學習的價值**。我覺得熊大很棒，一句話就讓班上high起來。我上了一個早上的課，還沒他這麼有威力呢！

下課前，照慣例，全班拍了大合照。

幗英校長是校長們的校長，是全班的導師，她跟我說，「上完仙女老師的課，熊大改變好多，就連班上的氛圍都變得融洽。」

隔天，我又到國教院上課，這次是國小校長班。去洗手台時，經過國中校長班的教室，男神校長招呼我進教室，大家看到我就像熟識的老朋友，這裡一句說「熊大改變好多」，那裡一句說「班上變得好歡樂，都是因為仙女老師」，我超有成就感的，我們又拍了第二次合照。

三週後，我再次到國教院上課，這次是主任班。媽媽惦記著要去找熊大他們，結果上午課程太忙沒辦法過去，中午下課，幗英校長和漢癸校長帶著國北教大的林曜聖教授來教室找我，原來是曜聖老師剛上完他們的課，聽說我也在國教院，特地來班上找我。

平平聽得很起勁，我繼續說下去。

下午，我趁下課時間去找他們，屏東陽光堂堂校長送我一箱他母親種的蓮霧；新竹的之浩校長有三個珍貴的檸檬塔，給了我一個；臺南的熊大校長送我一個鈴鐺，跟我說這是他在其他課堂表現優異拿到的獎品。我們拍了第三次的大合照，

五、六位校長再護送我回到教室上課。

第四次的大合照就是謝師宴。

堂堂校長說，「我考上校長時，有人說你就要沒有朋友了。」

德清校長說，「我要當一個支持老師的校長。」講到激動處，他真性情的流下了男兒淚。

媽媽相信他們都會是認真的好校長。

平平興致盎然地聽著我去國教院上課的經歷。

「如果沒有課堂一開始的冷場，如果媽媽不敢走到熊大面前，就不會有皆大歡喜的結尾。」

▲ 國教院的謝師宴，我是校長們的老師喔。

美好情誼源自一起事件

「你知道媽媽為什麼跟幗英校長這麼熟嗎?」

這故事跟國中校長班一樣，也有個不美麗的開始。

安安國三時，因為學校轉型成三學期制，家裡沒有人可以照顧她，媽媽只好帶她到國教院上課。媽媽上課的時候，幗英校長陪安安聊天和畫畫，安安也很開心。哪裡知道，下課拍大合照時，安安突然歇斯底里地大叫、爆哭，所有人都嚇到了。

安安第一次在大庭廣眾下失態，我也不知道怎麼辦。大家你看我，我看你，像是在問媽媽怎麼處理?說實在的，我當下覺得好糗，只想有個地方趕緊躲起來，媽媽也從沒遇過安安這樣子，本來好好的，突然就大鬧起來，只能抱著她。大家識趣的讓媽媽跟安安獨處，可以好好的安撫她，沒有人敢過來跟我們說話。

我下午還有另一個班級的課程，如果把她放在休息室，我不放心，一定要讓她坐在教室後面，媽媽看得到她才會安心。

所以，媽媽急著在午休一小時讓安安情緒穩定，問她:「下午想跟媽媽去上課？還是想一個人留在休息室？」我不斷叮嚀她，「妳去到教室裡，坐在後面，自己寫筆記、畫畫，千萬不能大吵喔，會嚇到大家。」

那一天我都沒機會遇到幗英校長，我跟工作人員要了她的line，傳了訊息跟校長道歉。

說實在的，媽媽很不好意思再見到校長，耳根發熱，雙頰通紅。

哪裡知道，幾個月後，我又擔任幗英校長導師班的講師，校長還是很親切的幫學員拍照，傳照片給我，幫我建相簿，可能是因為之前一起經歷過安安爆哭事件，講開來了，反而更加熟悉與了解。

平平說，「原來媽媽去國教院上課發生這麼多事情喔，感覺還是很有趣，而且大家都對媽媽很好。」

「下次慧慧跟你抱怨，你就這麼跟她說。『**我們雖然不能決定故事的開始，但是可以把故事打造成我們想要的結局。**』還有，你會發現寫作也多了很多素材呢。」

仙女悄悄話

我們雖然不能決定故事的開始，
但是可以把故事打造成我們想要的結局。

13 幫助孩子找到天賦

世民媽媽：「仙女，世民很愛打籃球，回家從來不念書怎麼辦？」
我：「世民很有號召力，一呼百諾，球場上很有領導力呢。」
世民媽媽：「我兒子說仙女都能看到他們的優點。」
薇廷媽媽：「仙女，薇廷國文很差，作文也不好，怎麼辦？」
我：「薇廷擅長繪畫，讓她用圖畫表達內心想法也很好。」
薇廷媽媽：「難怪，我們家薇廷很喜歡你。」

多數時候，我會把孩子的獨特告訴家長，與眾不同之處，異於常人之處，而這些正是孩子的亮點，**人各有特色，不必事事跟別人相同，找到優勢才能出眾。**

幫孩子找出興趣，發揮他的亮點

然而，回到家裡，安安注音符號只會拼寫。二十六個英文字母一教再教，不會指認，寫不出來。國字識字不多，閱讀和造句更是不行。我期望能夠像處理學生問題一樣，輕輕鬆鬆找到安安的亮點，減少我的不安，也鬆綁安安的學習，我不想陷入「旁觀者清，當局者迷」的困境。於是，**我跟我們班的家長一樣，尋求第三方協助，物理治療師、視知覺老師、特教老師從不同角度切入，給了我寶貴的意見。**

我千方百計在安安學業之外佈局，六片拼圖，圖片不易辨識。樂高組合，考驗精細動作。一般孩子有興趣的手作對她來說，門檻太高。

或許可以學畫畫吧。我們帶安安到黃美廉老師工作室，她在陌生環境中害怕得大哭，老師說長大一點再來好了。索性在家裡附近的安親班學水彩，其他小朋友煞有介事的，裝水，洗筆，調色盤調色，這邊畫畫，那邊描描。安安一個人在位置上大筆亂揮，無法控制力道大小，所有顏色混在一起，髒髒糊糊的，老師總是能補救成一幅像樣的畫，讓安安得意的帶著作品回家。

然而，安安最快樂的時光是六點到六點半在奶奶家看〈神奇寶貝〉，這是表哥小時候最愛看的卡通，她不斷的跟表哥討論神奇寶貝，直到我開車載她回家，一路上的話題至始至終圍繞著神奇寶貝，尤其是皮卡丘。

晚上復健，看書，寫字，拼圖，玩積木，安安時不時就想岔開話題，一開口就是「皮卡丘」、「寶貝球」，我只好停下要教的功課，勉為其難地聽她說著「雜事」。不可諱言，**安安的世界有了寶可夢，就跟熱愛打籃球的世民一樣，眼裡有光**。

平平安安五年級時，有次我們去大溪老街，有個賣皮卡丘公仔的攤子，三隻公仔五十元。我讓安安自己挑選，安安詢問老闆，有沒有「妙蛙種子」？哪一種神奇寶貝是哪一種的進化版本？我拿起攤子上的一隻神奇寶貝，問安安有沒有這一隻？安安說她沒有，可是她知道這一隻的功能，那一幕讓我很震驚。老闆說，「神奇寶貝有八百多隻，你女兒好厲害，都認得耶。」安安對課業一籌莫展，對「神奇寶貝」卻能對答如流。老闆的提醒讓我正視皮卡丘對安安的影響，用皮卡丘開啟她的學習力。

平平也開始認真陪安安看卡通，增加對寶可夢的了解，跟安安溝通與對話。閱讀則是透過《寶可夢圖鑑》，識字和造句。拼圖不再買其他圖案，全部都買寶可夢，從十片拼到一百片，一次比一次熟練。相較於以往，**安安的學習就像按下了加速鍵，家裡也多了笑聲。**

橫濱每年暑假會舉辦「寶可夢大量發生」活動，以皮卡丘為主題，為期十天，號稱將有一千隻野生皮卡丘出沒，還有水陸巴士，噴水秀，附近的店家也會推出限量商品與菜單，所有你想得到的都能結合皮卡丘創造經濟效益與娛樂效果。我們決定為安安規劃一場神奇寶貝之旅。安安因為要去日本看神奇寶貝，主動要求散步，練腳力，走累了就讓她用手遊「Pokémon GO」抓寶，日行萬步。

到了橫濱「寶可夢大量發生」的現場，只見大人和小孩陷入瘋狂。為了能取得絕佳視野，我們提前三個小時找了個三樓看台，居高臨下，甘之如飴坐等主秀「伊布」登場。此外，各地鐵站會有一隻代表的神奇寶貝，出口處會有該寶貝的海報和印章，我們拿著活動索引專程到不同的地鐵站，出站蓋章，再買票進站，轉往下一站搜集下一隻神奇寶貝，密集而緊湊的移動讓安安曾經一天走了一萬七千步，她還因此傳訊息給阿寶老師，感謝老師每天在學校鼓勵她走路。

最近安安想畫神奇寶貝，還在網路上找影片自學呢！

仙女悄悄話・

陪同孩子探尋天賦是父母的天職，是老師的使命，是教育的願景。

〈後記〉

從一場講座到「臺北科技藝塾」的創立

PTWA（愛自造者學習協會，Program The World Association）七月初在臺北一○一辦了場別開生面的講座。

「教育的N種可能性——給特殊需求的孩子」，我稱之為2.0版。

曲智鑛老師的理念和創造力是我所敬佩的，當他緩身站起，說話時眼神堅定，嘴角微彎，極有魅力，一種號召你勇於嘗試的吸引力。

李秉軒老師展現大將之風救援登場，幽默風趣的把學生的弱勢轉為亮點，讓人歎為觀止，對學生和老師都充滿崇敬，科技的門檻透過有效的方法可以輕易跨越。

陳宥妤老師結合資優與特教學生，走出教室，走入社區，實踐教育即日常，能力強弱的學生相輔相成，一如牆上孩子刻印的詩作，雋永動人。

均一教育平臺為孩子們設計的有趣活動是學習的動力，找到學習動機自然能夠展現學習的成果，這是所有人都知道的，而均一成功做到了。

我則是提供大家說故事的方法，一個教過二千名普通班學生的老師，教過的特教學生僅僅個位數（不過家裡有兩個，教了十六年），怎麼讓弱勢議題讓多數人知道，說故事就對了。

第一次見到**洪旭亮**阿亮校長，見識到校長的功力，拿起麥克風什麼都能講，開場，介紹講者，接電腦緩衝，為每位講者結語，緩緩訴說ＰＴＷＡ的困境，放大那些我們看不到的辛酸與努力，小額捐款對協會的意義，我當下付諸行動，捐了。

蘇文鈺老師每次講話都讓我想掉眼淚，老師不只會教程式，應該也有在教文案寫作，每講一段故事就會來句打中人心的金句，「**偏鄉就是樂土**」、「**讓這些孩子做自己的羅盤，找到自己在這個世界上的定位。**」用生命成就的事情讓在場許多人哽咽了，老師講的話是教育工作者的願景啊！

講座報名連結出來之後，很快額滿，家長們開心報名之餘，忘了幫孩子報名。由於一〇一要求實名制，姓名、手機、Emial，最後這幾天Emily好幫忙，化險為夷，讓家長們聽到了「教育的N種可能性」，充滿感動與感謝。

何蕙萍給我隱隱的力量，覺得對的事情義無反顧地做。聯電公益的形象深植人心，願意投注心力在少數人身上，而這些少數需要較長時間的陪伴，人文關懷讓科技不再冰冷，更見企業的底蘊與文化。

黃啟清校長對學生視如己出，總統教育獎的彥寶來自於建成國中，校長彎下身子跟坐在輪椅上的彥寶說話，跟其他孩子們有說有笑，親切的口吻與童言童語是校園裡最美的畫面。教育無他，唯愛與榜樣，教育家的格局。

黃乃輝委員的蒞臨讓會場蓬蓽生輝。當委員汗流浹背的趕到會場，我可以想見他有多在乎這場活動，每一舉步都考驗著體能與毅力，每次說話都用盡洪荒之力，為身心障礙者的發言如此的有力道，振聾發聵。

講座1.0版半年前在彰化舉辦，**以科技輔助特殊孩子的學習，平板成了彩筆，**

孩子化身為自信有才的藝術家。發現新大陸的我就像小跟班不停地在蘇老師旁邊碎碎念，「老師，來臺北開課嘛！」、「老師，您考慮一下臺北的孩子嘛！」說這話的同時，我心裡也在評估，是不是要每週帶安安搭高鐵去彰化上課？哪一天讓安安跟學校請假，直衝彰化上課？為了孩子，有好課，該衝就要衝。

實際上，還要好多現實的問題要考量，時間成本，交通往返與經濟因素，要衝不衝的想法在心裡盤旋好久，好久。過一陣子，蘇老師跟我談「臺北班」，我才知道要不要來臺北開班也在老師心裡起了波瀾。

老師在彰化的班，屬非營利組織性質的課輔班，他四處托缽募款協助這些經濟弱勢的孩子，臺北的孩子並不符合PTWA的宗旨。我扁起嘴跟老師抗議，身心障礙家庭的孩子本身就是弱勢，我們在經濟上還算過得去，然而，學校與社會的資源甚少，家長對孩子的擔憂不曾少過，老師說他都懂。

我相信老師真的懂家長難以言喻的苦，經過數月的討論，「臺北科技藝塾」成立了。由PTWA支援前半年的課程，後半年由我組的教學團隊銜接。PTWA後續進階的課程也將技術移轉給我們。我從原本單純只關注孩子的學習，到現在要負責教學、行政、招募和財務等大小事宜，任重道遠。

蘇老師說，「臺北科技藝塾」成立了，我們要把彰化原班人馬帶到臺北再辦一場，這就是2.0版講座的由來。未來我們會讓特教孩子的學習更多元，憑藉著一技之長在社會上立足。

＊若想要更進一步了解「臺北科技藝塾」，請洽：
臉書「仙女老師余懷瑾」粉絲頁 https://www.facebook.com/dontwaryu/

國家圖書館出版品預行編目資料

不怕輸,就怕放棄：仙女老師教你說自己的故事，走出你要的結局 / 余懷瑾著. -- 初版. -- 臺北市：商周出版：家庭傳媒城邦分公司發行, 2020.07
面； 公分. -- (商周教育館；39)
ISBN 978-986-477-878-2(平裝)

1.修身 2.自我實現

192.1 109009620

商周教育館 39

不怕輸，就怕放棄：

仙女老師教你說自己的故事，走出你要的結局

作　　者／余懷瑾
企畫選書／黃靖卉
責任編輯／黃靖卉
校　　對／倪昀平

版　　權／吳亭儀、江欣瑜
行銷業務／周佑潔、黃崇華、賴玉嵐
總 編 輯／黃靖卉
總 經 理／彭之琬
事業群總經理／黃淑貞
發 行 人／何飛鵬
法律顧問／元禾法律事務所 王子文律師
出　　版／商周出版
臺北市 104 民生東路二段 141 號 9 樓
電話：(02) 25007008 傳真：(02)25007759
E-mail：bwp.service@cite.com.tw
發　　行／英屬蓋曼群島商家庭傳媒股份有限公司城邦分公司
臺北市中山區民生東路二段 141 號 2 樓
書虫客服服務專線：02-25007718；25007719
服務時間：週一至週五上午 09:30-12:00；下午 13:30-17:00
24 小時傳真專線：02-25001990；25001991
劃撥帳號：19863813；戶名：書虫股份有限公司
讀者服務信箱：service@readingclub.com.tw
城邦讀書花園 www.cite.com.tw
香港發行所／城邦（香港）出版集團
香港灣仔駱克道 193 號 _ E-mail : hkcite@biznetvigator.com
電話：(852) 25086231 傳真：(852) 25789337
馬新發行所／城邦（馬新）出版集團【Cite (M) Sdn Bhd】
41, Jalan Radin Anum, Bandar Baru Sri Petaling, 57000 Kuala Lumpur, Malaysia.
電話：(603) 90563833 傳真：(603) 90576622 E-mail : cite@cite.com.my

封面設計／徐璽設計工作室
版型設計與排版／林曉涵
印　　刷／中原造像股份有限公司

■ 2020 年 7 月 28 日
■ 2023 年 2 月 8 日 初版 4 刷
Printed in Taiwan

定價 320 元

城邦讀書花園
www.cite.com.tw
 ISBN 978-986-477-878-2

商周出版

廣 告 回 函
北區郵政管理登記證
北臺字第000791號
郵資已付，免貼郵票

104　台北市民生東路二段141號2樓

英屬蓋曼群島商家庭傳媒股份有限公司城邦分公司　收

請沿虛線對摺，謝謝！

商周出版

書號：BUE039	書名：不怕輸，就怕放棄	編碼：

請於此處用膠水黏貼

商周出版

讀者回函卡

感謝您購買我們出版的書籍！請費心填寫此回函卡，我們將不定期寄上城邦集團最新的出版訊息。

線上版讀者回函卡

姓名：＿＿＿＿＿＿＿＿＿＿＿＿＿＿＿＿ 性別：□男 □女

生日：西元＿＿＿＿＿＿年＿＿＿＿＿＿月＿＿＿＿＿＿日

地址：＿＿＿＿＿＿＿＿＿＿＿＿＿＿＿＿＿＿＿＿

聯絡電話：＿＿＿＿＿＿＿＿＿＿ 傳真：＿＿＿＿＿＿＿＿＿＿

E-mail ：

學歷：□ 1. 小學 □ 2. 國中 □ 3. 高中 □ 4. 大學 □ 5. 研究所以上

職業：□ 1. 學生 □ 2. 軍公教 □ 3. 服務 □ 4. 金融 □ 5. 製造 □ 6. 資訊

□ 7. 傳播 □ 8. 自由業 □ 9. 農漁牧 □ 10. 家管 □ 11. 退休

□ 12. 其他＿＿＿＿＿＿＿＿＿＿＿＿＿＿＿＿

您從何種方式得知本書消息？

□ 1. 書店 □ 2. 網路 □ 3. 報紙 □ 4. 雜誌 □ 5. 廣播 □ 6. 電視

□ 7. 親友推薦 □ 8. 其他＿＿＿＿＿＿＿＿＿＿＿＿

您通常以何種方式購書？

□ 1. 書店 □ 2. 網路 □ 3. 傳真訂購 □ 4. 郵局劃撥 □ 5. 其他＿＿＿＿

您喜歡閱讀那些類別的書籍？

□ 1. 財經商業 □ 2. 自然科學 □ 3. 歷史 □ 4. 法律 □ 5. 文學

□ 6. 休閒旅遊 □ 7. 小說 □ 8. 人物傳記 □ 9. 生活、勵志 □ 10. 其他

對我們的建議：＿＿＿＿＿＿＿＿＿＿＿＿＿＿＿＿＿＿＿＿

＿＿＿＿＿＿＿＿＿＿＿＿＿＿＿＿＿＿＿＿

＿＿＿＿＿＿＿＿＿＿＿＿＿＿＿＿＿＿＿＿

請於此處用膠水黏貼